현지에서 바로 쓰는
유럽 5개국 여행회화

ENGLISH

ITALIAN

FRENCH

SPANISH

GERMAN

현지에서 바로 쓰는

유럽 5개국 여행회화

예스북

현지에서 바로 쓰는

유럽
5개국
여행회화

1쇄 인쇄 | 2016년 12월 15일
1쇄 발행 | 2016년 12월 19일

지은이 | 영어 **김복리** 이탈리아어 **최제이** 프랑스어 **박지원**
　　　　스페인어 **임창희** 독일어 **이현정**
펴낸이 | 양봉숙
디자인 | 김선희
편　집 | 오유리
마케팅 | 이주철

펴 낸 곳 | 예스북
출판등록 | 제320-2005-25호 2005년 3월 21일
주　　소 | 서울시 마포구 서강로 131 신촌아이스페이스 1107호
전　　화 | (02)337-3054
팩　　스 | 0504-190-1001
E-mail | yesbooks@naver.com
홈페이지 | www.e-yesbook.co.kr

ISBN 978-89-92197-79-3 03790

값 10,800원

이 책은 유럽 주요 5개국을 여행하는 여행자들이 기본적인 의사소통이 가능하도록 카테고리별로 나누어 여러 상황에 대처할 수 있는 핵심 여행 회화 표현을 담았습니다. 유럽 여행을 하면서 겪게 될 다양한 상황별 회화 즉, 출발해서 귀국하기까지의 기본 회화 표현과 단어들을 여행지와 장소에 맞게 바로 찾아서 대처할 수 있도록 구성하였습니다. 전 세계 국제어인 영어를 비롯하여 스페인어, 프랑스어, 독일어, 이탈리아어의 5개의 언어를 동일한 내용으로 구성 통합한 이 책은 어느 나라에서든 발생할 수 있는 유사한 상황에 시의적절하게 활용할 수 있을 것입니다. 이는 외국을 여행하면서 겪게 되는 여행지의 상황이라는 큰 틀에서 보면 접하게 될 상황들이 상당히 유사하기 때문입니다. 아울러 언제 어디서나 쉽게 찾아볼 수 있도록 파트별로, 소제목별로, 상황별로 그 내용을 나누어 콕콕 짚어주는 핵심 표현들을 바로바로 찾을 수 있을 것입니다. 또한, 언어에 자신이 없는 여행자들을 위하여 모든 문장과 단어 아래에 해당 언어의 독음을 추가하였습니다. 비록 정확한 발음을 구사하지 못한다 해도 긴급하거나 다급한 상황에서 이 독음을 전하는 것만으로도 유용하게 의사소통이 가능한 경우가 있으리라고 생각합니다.

이 책은 입에 꼭 달고 다녀야 할 여행에서 많이 쓰는 기본 표현 3개와 기본 단어 16개로 각 파트를 시작합니다. 이어 본문에서는 9개의 카테고리로 나누어 4개씩의 상황을 설정하여 그에 맞는 핵심 표현들을 정리하였습니다. 각 상황은 빠르게 찾고 이해하기 쉽도록 우리말을 먼저 제시하고 그에 해당하는 언어로 번역하고 독음을 추가하였습니다.

해외여행이 빈번해지고 있는 요즘 언어 때문에 주저하고 불편한 여행이 아니라, 수많은 외국인과 만나고 헤어지는 과정에서 즐거운 여행이 될 수 있도록 부디 이 책이 여행자들의 추억에 유익한 보탬이 될 수 있기를 기원합니다.

2016년 12월
영어 저자 김 복 리

목차

나라별 **핵심표현** 베스트 5

01 ENGLISH ●●●●

Where is ~? ~은 어디에 있나요?
~, please. ~을 부탁합니다.
Would you ~? ~해 주시겠어요?
May I ~? 제가 ~해도 되나요?
I'd like to ~ 저는 ~을 하고 싶어요.

02 ITALIAN ●●●●

Dove ~? ~은 어디에 있나요?
Per favore ~? ~을 부탁합니다.
Pottrebe ~? ~해 주시겠어요?
Posso ~? 제가 ~해도 되나요?
Vorrei ~? 저는 ~을 하고 싶어요.

03 FRENCH ●●●●

Où se trouve ~? ~은 어디에 있나요?
~, s'il vous plaît ~ ~을 부탁합니다
Pourriez-vous ~? ~해 주시겠어요?
Est-ce que je peux ~? 제가 ~해도 되나요?
Je voudrais ~ 저는 ~을 하고 싶어요.

04 SPANISH ●●●●

¿Dónde está~? ~은 어디에 있나요?
~, por favor. ~을 부탁합니다.
¿Podría~? ~해 주시겠어요?
¿Puedo~? 제가 ~해도 되나요?
Me gustaría~ 저는 ~을 하고 싶어요.

05 GERMAN ●●●●

Wo ist~?~ ~은 어디에 있나요?
~, Bitte. ~을 부탁합니다.
Können Sie~? ~해 주시겠어요?
Darf ich~? 제가 ~해도 되나요?
Ich möchte~ 저는 ~을 하고 싶어요.

유럽 여행의 관문 영국 런던 관광명소 •••

British Museum_ 1759년에 개장한 초대형 박물관으로, 프랑스 파리의 루브르 박물관, 바티칸의 바티칸 미술관과 함께 세계 3대 박물관으로 꼽힌다.

London Eye_ 런던 템즈 강변에 위치한 유럽에서 가장 높은 대관람차로, 1999년 영국항공(British Airways)이 새로운 천년을 기념하여 건축한 커다란 자전거 바퀴 모양을 한 회전 관람차이다.

Buckingham Palace_ 영국 왕실을 상징하는 궁정으로, 국빈을 맞이하는 공식적인 장소이자 여왕의 거처이며, 영국의 명물인 근위병 교대의식이 거행되는 장소이기도 하다.

Trafalgar Square_ 코벤트 가든에 있는 광장으로, 1805년 트라팔가르 해전을 기념하여 만든 곳으로 정치 연설이나 여러 집회가 이루어지는 곳이기도 하다.

Houses of Parliament and Big Ben_ 웨스트민스터 궁전이라고도 하는 국회의사당이며, 궁전 북쪽 끝에 있는 큰 시계탑을 빅벤이라고 한다.

유럽에서 가장 오래된 나라: 스페인 마드리드 관광명소 •••

Museo del Prado_ 프라도 미술관은 스페인 마드리드에 있는 세계적인 미술관 중 하나로, 15세기 이후 스페인 왕실에서 수집한 미술 작품을 전시하고 있다.

Parque del Retiro_ 면적이 1.4 km²나 되는 레티로 공원은 인공호수와 숲이 우거진 굉장히 크고 아름다운 공원으로 프라도 미술관과도 멀지 않은 위치에 있다.

나라별 관광명소 베스트 5

Palacio Real de Madrid_ 마드리드 왕궁은 스페인의 왕실 공식 관저로 서부 유럽을 통틀어서 2,800여 개 이상의 방과 135,000m²의 크기로 최대의 크기를 자랑한다.

Plaza de España_ 스페인 마드리드에 있는 광장으로 1916년 스페인의 대표적인 작가 미겔 데 세르반테스의 사후 300주년을 기념하여 만들어졌다. 광장 중앙에는 세르반테스의 기념비가 있고 그 앞에는 돈키호테 동상이 있다.

Museo Thyssen-Bornemisza_ 유럽 미술사를 한눈에 살펴볼 수 있는 티센보르네미차 미술관은 티센보르네미서 남작 부자가 1920년대부터 수집한 컬렉션을 바탕으로 전시하고 있다. 마드리드의 프라도 거리를 따라 레이나 소피아 국립미술센터, 프라도 미술관과 함께 삼각형으로 위치하고 있어 '골든 트라이앵글(Golden Triangle)'이라고 부른다.

와인과 예술의 나라: 프랑스 파리 관광명소

Le musée du Louvre_ 루브르 박물관은 프랑스 소장품의 수와 질 면에서 메트로폴리탄 미술관과 대영박물관과 함께 세계적으로 손꼽히는 국립 박물관으로 세계유산으로 지정되어 있다.

La tour Eiffel_ 프랑스의 대표 건축물인 에펠 탑은 격자 구조로 이루어진 파리에서 가장 높은 건축물이며, 매년 수백만 명이 방문할 만큼 세계적인 관람지이다. 이를 디자인한 귀스타브 에펠의 이름에서 명칭을 얻었으며, 1889년 프랑스 혁명 100주년 기념 세계박람회의 출입 관문으로 건축되었다.

L'Arc de Triomphe_ 개선문은 전쟁터에서 승리해 돌아오는 황제 또는 장군을 기리기 위하여 세운 문을 말하며, 일반적으로 개인 또는 국민이 이룩한 공적을 기념할 목적으로 세운 아치형의 대문 형식 건축물이다.

나라별 관광명소 베스트 5

Le château de Versailles _ 바로크 건축의 대표 작품인 베르사유 궁전은 1682년 루이 14세가 거처했던 곳으로 호화로운 건물, 광대하고 아름다운 정원과 분수로 유명하다.

Cathédrale Notre-Dame de Paris- 노트르담 대성당은 완공 이래 오랜 세월동안 수리와 개조를 계속하였으며 800여 년 동안 프랑스의 주요 역사를 지켜본 현장이기도 하다. 노트르담이란 성모 마리아를 나타내는 말로 성모 마리아를 위해 지어진 프랑스 최초의 고딕 성당이다.

맥주와 소시지의 나라: 독일 베를린 관광명소

Berliner Siegessäule_ 베를린 전승기념탑으로 높이 67미터의 석조 탑 꼭대기에 금색의 승리의 여신 빅토리아가 서 있고, 탑 내부는 전망대로 통하는 285개의 나선형 계단을 오르며 베를린 시내를 한 눈에 내려다 볼 수 있다.

Die Berliner Mauer_ 베를린 장벽은 동독이 건설한 것으로서 서베를린과 동베를린을 분리하는 장벽이었다. 냉전의 시대와 독일의 분단을 상징하였으나 1989년 자유 왕래가 허용된 이후 장벽이 붕괴되었다.

Museumsinsel_ 박물관 섬은 독일의 수도인 베를린의 중심을 흐르는, 슈프레 강에 위치한 섬의 북쪽을 말한다. 이 섬에 '박물관 섬'이라는 이름이 붙여진 것은 섬의 북쪽에 세계적으로 이름 난 박물관들이 자리를 잡고 있기 때문이다. 왕가의 소장품들이 1918년 이후에 프로이센 문화유산 재단에 위탁되면서 대중에게 공개되기 시작하였다.

Berliner Dom_ 베를린 대성당은 높이 114m, 폭 73m의 거대한 천정 돔과 아름다운 대리석 조각상들로 장식되어 바로크 양식의 걸작으로 평가받고 있다. 성당 내의 7,269개의 관을 가진 독일 최대의 파이프 오르간의 웅장한 선율은 화려하고 아름다운 성당 내부를 더욱 엄숙하게 만들어 세계 관광객의 발길을 이끈다.

Brandenburger Tor_ 브란덴부르크 문은 독일 베를린에 있는 개선문으로 위에는 고대 로마의 여신이 이끄는 4두전차의 조상이 있다. 브란덴부르크 문은 동서베를린의 유일한 통로로서, 동서의 벽을 상징적으로 나타내는 베를린 관광명소이다.

문화와 낭만의 나라: 이탈리아 로마 관광명소 ●●●●

Colosseo_ 콜로세움은 고대 로마 시대의 건축물 가운데 하나로 로마 제국 시대에 만들어진 원형 경기장이다. 현재는 로마를 대표하는 유명한 관광지로, 콜로세움이라는 이름은 근처에 있었던 네로 황제의 동상(colossus)에서 유래하였다.

Fontana di Trevi_ 트레비 분수는 로마에 현존하는 가장 큰 규모의 분수로 바로크 양식으로 지어진 것으로는 예술성이 가장 뛰어나다는 평을 받고 있다. 이 분수에 동전을 던지면 소원이 이루어지며 언젠가 다시 로마에 오게 된다고 믿는 전통이 있다.

Stato della Città del Vaticano_ 바티칸 시는 로마 시내에 위치하고 있으며, 약 400명 정도의 인구를 지닌 매우 작은 독립국가이다. 바티칸 시국은 교황이 통치하는 일종의 신권 국가로, 전 세계 가톨릭 교회의 총본부이다.

Catacomb_ 카타콤베는 무덤으로 사용하기 위하여 좁은 통로로 이루어진 지하 묘지로, 기독교인들이 로마 제국의 박해를 피해 숨어서 예배를 하던 곳이다. 아주 넓고 어두운 곳으로, 약 10평 정도의 작은 넓이의 땅에서 400명이 찬송을 하였다고 한다.

Piazza Venezia_ 베네치아 광장은 1871년 이탈리아 통일을 기념하기 위해 조성되었으며, 현재는 테르미니 역과 함께 교통의 중심지 역할을 하며 광장 안에는 이탈리아를 통일한 비토리오 에마누엘레 2세를 기리기 위한 기념관이 있다.

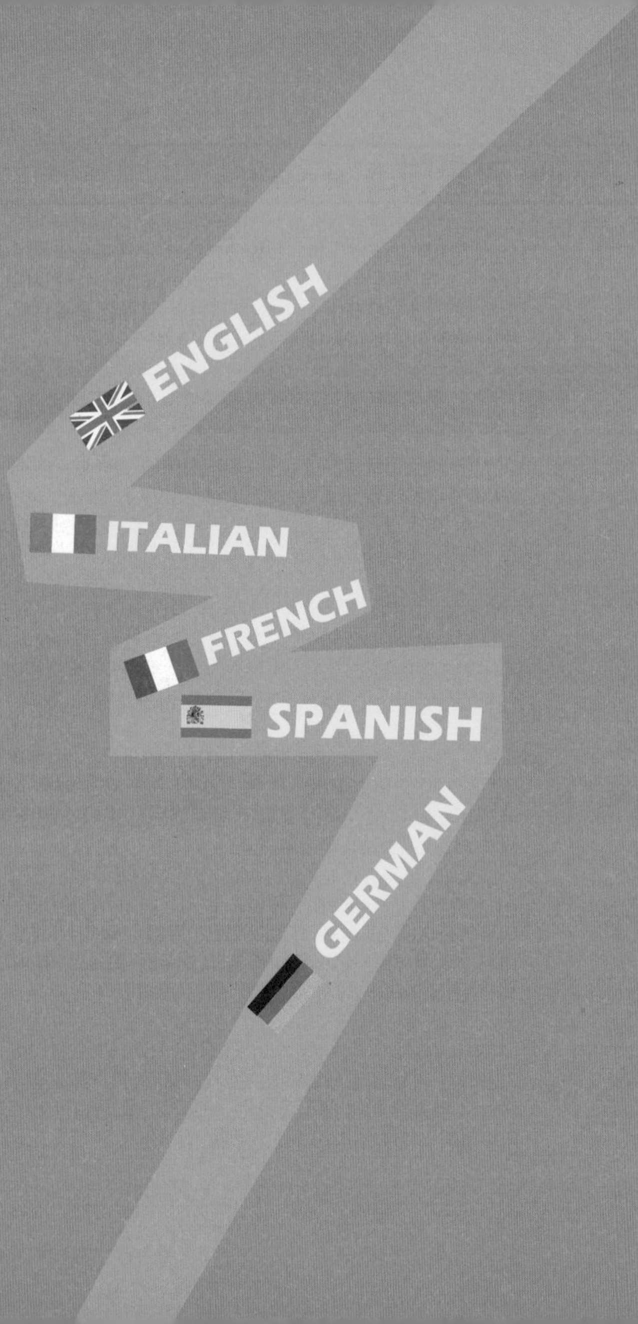
ENGLISH
ITALIAN
FRENCH
SPANISH
GERMAN

ENGLISH

Unit 1 기내에서 On the plane

기내에서 쓰는 표현 Best 3

◎ 제 좌석은 어디죠?

Where is my seat?
웨어리즈 마이 씨트?

◎ 닭고기 주세요.

Chicken, please.
치킨, 플리즈.

◎ 담요 한장 주시겠어요?

May I have a blanket?
메이 아이 해버 블랜킷?

기본단어

여권	passport 패스포트	탑승권	boarding pass 보딩 패스
비자	visa 비자	1등석	first class 퍼스트 클래스
비즈니스석	business class 비즈니스 클래스	일반석	economy class 이코노미 클래스
기장	captain 캡틴	창가 쪽 좌석	window seat 윈도우 씨트
통로 쪽 좌석	aisle seat 아일 씨트	식사 테이블	tray table 츄뤠이 테이블
기내 화장실	lavatory 레버토리	비어있음	vacant 베이컨트
사용 중	occupied 아큐파이드	입국카드	landing card 랜딩 카드
담요	blanket 블랜킷	헤드폰	headset 헤드셋

기내에서 많이 쓰는 핵심표현

자리를 찾을 때

◎ 제 좌석은 어디죠?
Where is my seat?
웨어리즈 마이 씨트?

◎ 33A는 어디예요?
Where is 33A?
웨어리즈 써티쓰리에이?

◎ 제 자리 찾는 것을 도와주시겠어요?
Would you help me find my seat?
우쥬 헬 미 파인 마이 씨트?

자리를 바꾸고 싶을 때

◎ 친구랑 제 좌석이 떨어져 있어요.
My friend's and my seat are not together.
마이 프렌즈 앤 마이 씨트 아 낫 투게더.

◎ 좌석을 바꿀 수 있을까요?
Could we change seats?
쿠드 위 체인지 씨츠?

◎ 제 자리와 바꿀 수 있을까요?
Would you mind trading seats with me?
우쥬 마인드 츄뤠이딩 씨츠 위드 미?

좌석이 불편할 때

◎ 좌석을 뒤로 눕혀도 될까요?
May I recline my seat?
메이 아이 뤼클라인 마이 씨트?

◎ 좌석을 차지 말아 주세요
Please stop kicking the seat.
플리즈 스탑 킥킹 더 씨트.

◎ 좌석을 앞으로 좀 당겨 주시겠어요?
Can you pull your seat forward a bit?
캔 유 풀 유어 씨트 포워드 어 빗?

식사를 주문할 때

◎ 닭고기 주세요.

Chicken, please.
치킨, 플리즈.

◎ 소고기 주세요.

I'll have the beef, please.
이일 해브 더 비프, 플리즈.

◎ 고추장 있어요?

Do you have red pepper paste?
두 유 해브 뤠드 페퍼 페이스트?

◎ 이것으로 부탁합니다.

I'll take this one.
아일 테익 디스 원.

음료를 주문할 때

◎ 오렌지 주스 있어요?

Do you have orange juice?
두 유 해브 오륀쥐 주스?

◎ 커피 좀 주세요.

Can I have some coffee, please?
캔 아이 해브 썸 커피, 플리즈?

◎ 시원하게 마실 것을 주시겠어요?

Could I have something cold to drink?
쿠드 아이 해브 썸씽 코울드 투 쥬륑크?

◎ 물 한잔 주세요.

I'd like a glass of water, please.
아이드 라이커 글라스 어브 워터, 플리즈.

화장실에 가고 싶을 때

◎ 실례지만, 화장실이 어디 있어요?

Excuse me, where is the restroom?
익스큐즈 미, 웨어리즈 더 뤠스트룸?

◎ 지금 화장실에 가도 될까요?

Can I go to the lavatory now?
캔 아니 고우 투 더 레버토리 나우?

◎ 화장실에 휴지가 없어요.

There is no toilet paper in the lavatory.
데어 이즈 노 토일릿 페이퍼 인 더 래버토리.

◎ 화장실이 어디에요?

Where can I wash my hands?
웨어 캔 아이 워쉬 마이 핸즈?

필요한 물건을 달라고 할 때

◎ 담요 한장 주시겠어요?

May I have a blanket?
메이 아이 해버 블랜킷?

◎ 읽을 것 좀 주시겠어요?

Could I have something to read?
쿠드 아이 해브 썸씽 투 리드?

◎ 수면용 안대를 갖다 주실 수 있나요?

Can I get a sleep mask?
캔 아이 게러 슬립 마스크?

◎ 한국어 신문이 있나요?

Do you have any Korean newspapers?
두 유 해브 애니 코뤼언 뉴스페이퍼즈?

도착에 관해서 물을 때

◎ 예정대로 도착하나요?

Is the plane on time?
이즈 더 플레인 온 타임?

◎ 런던은 몇 시에 도착하나요?

What time do we arrive in London?
왓 타임 두 위 어롸이브 인 런던?

◎ 얼마나 지연될까요?

How long will it be delayed?
하우 롱 윌 잇 비 딜레이드?

◎ 도착 시간은 언제인가요?

When is the arrival time?
웬 이즈 디 어롸이벌 타임?

입국 신고서 작성할 때

◎ 이 서류 쓰는 법을 가르쳐 주시겠어요?

Could you tell me how to fill in this form?
쿠쥬 텔 미 하우 투 필 인 디스 폼?

◎ 여기에는 무엇을 쓰는 건가요?

What do I fill out here?
왓 두 아이 필 아웃 히어?

◎ 제 입국 신고서를 봐주시겠어요?

Could you check my landing card?
쿠쥬 췍 마이 랜딩 카드?

◎ 입국 신고서 작성을 도와주세요.

Please help me with this entry card.
플리즈 헬미 윗 디스 엔추뤼 카드.

공항에서 At the airport

공항에서 쓰는 표현 Best 3

◎ 어디에서 오셨나요?

Where are you from?
웨어 아 유 프롬?

◎ 직업이 무엇인가요?

What's your job?
왓츠 유어 잡?

◎ 방문 목적이 무엇인가요?

What's the purpose of your visit?
왓츠 더 퍼퍼스 오브 유어 비짓?

기본단어

항공사	airline 에어라인	출발	departure 디파춰
도착	arrival 어라이벌	환승하다	transfer 트랜스퍼
보안 검색	security check 씨큐러티 췍	수하물 찾는 곳	baggage claim 배기쥐 클레임
탑승 수속대	check-in counter 체크 인 카운터	탑승 대기실	boarding lounge 보딩 라운지
탑승구	boarding gate 보딩 게이트	입국 심사	immigration 이미그뤠이션
세관	customs 커스텀즈	무관세	duty-free 듀티 프리
신고하다	declare 디클레어	목적지	destination 데스티네이션
유실물 취급소	lost and found office 로스트 앤 파운드 오피스	환전	money exchange 머니 익스체인지

공항에서 많이 쓰는 핵심표현

탑승에 대해 물을 때

◎ 몇 시에 탑승 시작하나요? **What time does boarding begin?**
왓 타임 더즈 보딩 비긴?

◎ 몇 번 게이트로 가야 하나요? **Which gate should I go to?**
위치 게이트 슈드 다이 고우 투?

◎ 이거 기내에 가지고 탑승해도 되나요? **Is it okay to take this on the flight?**
이즈 잇 오케이 투 테익 디스 온 더 플라잇?

직업을 물어볼 때

◎ 직업이 무엇인가요? **What's your job?**
왓츠 유어 잡?

◎ 직업이 무엇인가요? **What's your occupation?**
왓츠 유어 아큐페이션?

◎ 무슨 일을 하시나요? **What do you do?**
왓 두 유 두?

직업을 말할 때

◎ 저는 사업을 해요. **I'm a businessman.**
아임 어 비즈니스맨.

◎ 저는 회사원이에요. **I'm an office worker.**
아임 언 오피스 워커.

◎ 저는 주부예요. **I'm a homemaker.**
아임 어 홈메이커.

입국 심사대 통과할 때

● 여권을 보여 주세요.　　　　　　　**May I see your passport, please?**
　　　　　　　　　　　　　　　　　메이 아이 씨 유어 패스포트, 플리즈?

● 어디에서 오셨나요?　　　　　　　**Where are you from?**
　　　　　　　　　　　　　　　　　웨어 아 유 프롬?

● 한국에서 왔어요.　　　　　　　　**I'm from Korea.**
　　　　　　　　　　　　　　　　　아임 프롬 코뤼어.

● 방문 목적이 무엇인가요?　　　　　**What's the purpose of your visit?**
　　　　　　　　　　　　　　　　　왓츠 더 퍼퍼스 오브 유어 비짓?

● 관광입니다.　　　　　　　　　　**For sightseeing.**
　　　　　　　　　　　　　　　　　포 싸잇씨잉.

● 휴가 차 왔어요.　　　　　　　　**I'm here for vacation.**
　　　　　　　　　　　　　　　　　아임 히어 포 베게이션.

● 얼마나 머무실 건가요?　　　　　　**How long will you be staying?**
　　　　　　　　　　　　　　　　　하우 롱 윌 유 비 스떼이잉?

● 일주일 정도요.　　　　　　　　　**For about a week.**
　　　　　　　　　　　　　　　　　포 어바웃 어 위크.

● 어디에서 숙박하실 건가요?　　　　**Where are you going to stay?**
　　　　　　　　　　　　　　　　　웨어 아 유 고잉 투 스테이?

● 힐튼 호텔에서 묵을 겁니다.　　　　**I'm going to stay at the Hilton.**
　　　　　　　　　　　　　　　　　아임 고잉 투 스테이 앳 더 힐튼.

● 돌아가는 항공권을 보여 주세요.　　**Show me your return ticket, please.**
　　　　　　　　　　　　　　　　　쇼유 미 유어 뤼턴 티켓, 플리즈.

짐을 찾을 때

● 짐은 어디에서 찾나요?　　　　**Where can I get my baggage?**
　　　　　　　　　　　　　　웨어 캔 아이 겟 마이 배기쥐?

● 제 수하물은 어디에서 찾을 수 있죠?　**Where can I pick up my baggage?**
　　　　　　　　　　　　　　　　　　웨어 캔 아이 픽컵 마이 배기쥐?

● 제 짐이 보이지 않아요.　　　　　　**I can't find my baggage.**
　　　　　　　　　　　　　　　　　아이 캔트 파인드 마이 배기쥐.

세관을 통과할 때

◎ 여권과 세관 신고서를 주세요. **Your passport and declaration card, please.**
유어 패스포트 앤 데클러레이션 카드, 플리즈.

◎ 세관 신고서를 보여 주시겠습니까? **May I see your customs declaration?**
메이 아이 씨 유어 커스텀즈 데클러웨이션?

◎ 세관 신고할 물건이 있나요? **Do you have anything to declare?**
두 유 해브 애니씽 투 디클레어?

◎ 아니 없습니다. **No, nothing.**
노, 나씽.

환승할 때

◎ 저는 런던행 환승객입니다. **I'm a transit passenger for London.**
아임 어 트랜짓 패씬줘 포 런던.

◎ 갈아타는 곳이 어디인가요? **Where is the transit counter?**
웨어리즈 더 트랜짓 카운터?

◎ 경유시간은 얼마나 되나요? **How long is the layover?**
하우 롱 이즈 더 레이오우버?

◎ 시드니행 환승 비행기를 놓쳤어요. **I missed my connecting flight to Sydney.**
아이 미쓰트 마이 커넥팅 플라잇 투 시드니.

환전할 때

◎ 환전소는 어디인가요? **Where is the money change?**
웨어리즈 더 머니 체인쥐?

◎ 어디에서 환전하나요? **Where can I exchange money?**
웨어 캔 아이 익스체인쥐 머니?

◎ 달러로 바꿔 주세요. **Change this into dollars, please.**
체인쥐 디스 인투 달라스, 플리즈.

◎ 환전을 하고 싶은데요. **I want to exchange some money.**
아이 원투 익스체인쥐 썸 머니.

021

Unit 3 숙소에서 At accommodations

숙소에서 쓰는 표현 Best 3

◎ 체크인하고 싶은데요.
I'd like to check in, please.
아이드 라익 투 체크 인, 플리즈.

◎ 아침 7시에 깨워 주세요.
Please wake me up at 7 a.m.
플리즈 웨익 미 업 앳 쎄븐 에이엠.

◎ 아침 식사 시간은 몇 시예요?
What time do you serve breakfast?
왓 타임 두 유 써브 브뤡퍼스트?

기본단어

입실 수속	check-in 체크 인	퇴실 수속	check-out 체크 아웃
예약	reservation 뤠저베이션	보증금	deposit 디파짓
성수기	peak season 피크 씨즌	비수기	off season 오프 씨즌
손님	guest 게스트	청구서	bill 빌
봉사료	service charge 써비스 촤쥐	세탁물	laundry 런드리
영수증	receipt 뤼씨트	입구	entrance 엔츄뤈스
비상구	emergency exit 이머전시 엑씻	예약 확인서	confirmation 컨퍼메이션
숙박 카드	registration card 뤠지스트뤠이션 카드	귀중품 보관소	safety deposit box 세이프티 디파짓 박스

022

숙소에서 많이 쓰는 핵심표현

체크인을 할 때

◎ 체크인하고 싶은데요. **I'd like to check in, please.**
아이드 라익 투 체크 인, 플리즈.

◎ 마샤 강으로 예약을 했습니다. **I have a reservation under Marsha Kang.**
아이 해브 어 뤠져베이션 언더 마샤 강.

◎ 이것이 예약 확인증이에요. **This is the confirmation**
디스 이즈 더 컨퍼메이션.

룸이 마음에 들지 않을 때

◎ 방이 마음에 들지 않아요. **I don't like this room.**
아이 돈 라익 디스 룸.

◎ 방을 바꿔 주세요. **I'd like to change my room.**
아이드 라익 투 체인지 마이 룸

◎ 경치가 좋은 방을 주시면 좋겠어요. **I'd like a room with a view.**
아이드 라이커 룸 위더 뷰.

모닝 콜을 부탁할 때

◎ 아침 7시에 깨워 주세요. **Please wake me up at 7 a.m.**
플리즈 웨익 미 업 앳 쎄븐 에이엠.

◎ 아침 7시에 모닝콜 해주세요. **I'd like a wakeup call at 7 a.m.**
아이드 라이커 웨이컵 콜 앳 쎄븐 에이엠.

◎ 아침 7시에 모닝콜을 걸어주시겠어요? **Can I get a wakeup call at 7 a.m?**
캔 아이 게러 웨이컵 콜 앳 쎄븐 에이엠?

조식에 대해 문의할 때

◎ 아침 식사는 어디에서 하나요? **Where should I go for breakfast?**
웨어 슈다이 고우 포 브뤡퍼스트?

◎ 아침 식사 시간은 몇 시예요? **What time do you serve breakfast?**
왓 타임 두 유 써브 브뤡퍼스트?

◎ 아침 식사가 나오나요? **Do you serve breakfast?**
두 유 써브 브뤡퍼스트?

◎ 조식이 포함되어 있나요? **Is breakfast included?**
이즈 브뤡퍼스트 인클루딛?

물건을 갖다 달라고 할 때

◎ 비누를 갖다 주세요. **Please bring me soap.**
플리즈 브륑 미 쏘웁.

◎ 타월을 더 주시겠어요? **Can I have more towels?**
캔 아이 해브 모어 타월즈?

◎ 베개를 더 갖다 주세요. **Please give me more pillows.**
플리즈 기브 미 모어 필로우즈.

◎ 화장지를 갖다 주세요. **Please get me some toilet paper.**
플리즈 겟 미 썸 토이릿 페이퍼.

Wi-Fi에 대해 물을 때

◎ 여기 와이파이 되나요? **Can I connect to Wi-Fi here?**
캔 아이 커넥 투 와이 파이 히어?

◎ 와이파이 비밀번호 뭐예요? **What's the Wi-Fi password?**
왓츠 더 와이 파이 패스워드?

◎ 와이파이를 연결해 주세요. **Get me Wi-Fi, please.**
겟 미 와이 파이, 플리즈.

◎ 무료 와이파이가 있나요? **Do you have free Wi-Fi?**
두 유 해브 프뤼 와이 파이?

청소를 요청할 때

◉ 시트를 바꿔 주세요.
Change the sheets, please.
체인쥐 더 쉬츠, 플리즈.

◉ 침대를 정돈해 주세요.
Make the bed, please.
메익 더 베드, 플리즈.

◉ 나가 있는 동안 방을 청소해 주세요.
Please clean my room while I'm out.
플리즈 클린 마이 룸 와일 아임 아웃.

◉ 제 방 청소가 아직 안 되었네요.
My room hasn't been cleaned yet.
마이 룸 해즌 빈 클린드 옛.

세탁 서비스를 받고 싶을 때

◉ 세탁 서비스가 있나요?
Is there laundry service?
이즈 데어 런드리 써비스?

◉ 제 블라우스를 세탁해 주세요.
I want my blouse cleaned.
아 원 마이 블라우스 클린드.

◉ 언제 다 됩니까?
When will it be ready?
웬 윌릿 비 뤠디?

◉ 제 세탁물은 다 되었나요?
Is my laundry ready?
이즈 마이 런드리 뤠디?

체크아웃할 때

◉ 체크아웃 하려고요.
I'm checking out.
아임 체킹 아웃.

◉ 체크아웃하고 싶은데요.
I'd like to check out.
아이드 라익투 체크 아웃.

◉ 몇 시에 체크아웃 해야 하나요?
What time should I check out?
왓 타임 슈다이 체크 아웃?

◉ 체크아웃은 몇 시인가요?
When is check out time?
웬 이즈 체크 아웃 타임?

거리에서 쓰는 표현 Best 3

◎ 힐튼 호텔로 가 주세요.
The Hilton, please.
더 힐튼, 플리즈.

◎ 거기까지 걸어갈 수 있나요?
Can we walk there?
캔 위 웍 데어?

◎ 박물관은 어디 있나요?
Where is the museum?
웨어리즈 더 뮤지엄?

기본단어

인도	sidewalk 싸이드웍	차도	street 스트릿
길	road 로우드	도로 표지판	street sign 스트릿 싸인
신호등	traffic lights 트래픽 라잇츠	지하철 갈아타는 곳	Subway Transfer 써브웨이 트렌스퍼
매표소	ticket office 티켓 오피스	예정대로	on schedule 온 스케쥴
급행열차	express 익스프뤠스	편도	one way 원 웨이
승객	passenger 패씬저	왕복	round trip 라운드 트립
주의	caution 코션	위험	danger 데인저
주차금지	no parking 노 파킹	주차장	parking lot 파킹 랏

거리에서 많이 쓰는 핵심표현

길을 물을 때

◎ 실례합니다. 박물관에는 어떻게 가나요? **Excuse me. How can I get to the museum?**
익스큐즈 미. 하우 캔 아이 겟 투 더 뮤지엄?

◎ 그곳에 어떻게 가는지 알려 주세요. **Please tell me how to get there.**
플리즈 텔 미 하우 투 겟 데어.

◎ 지하철까지 이 길로 가면 되나요? **Is this the way to the subway station?**
이즈 디스 더 웨이 투 더 써브웨이 스테이션?

장소를 찾을 때

◎ 공중 화장실은 어디에 있어요? **Where is the public toilet?**
웨어리즈 더 퍼블릭 토일릿?

◎ 박물관은 어디인가요? **Where is the museum?**
웨어리즈 더 뮤지엄?

◎ 백화점은 어디인가요? **Where is the department store?**
웨어리즈 더 디파트먼트 스토어?

소요 시간을 물을 때

◎ 여기에서 가까운가요? **Is it near here?**
이즈 잇 니어 히어?

◎ 거기까지 걸어갈 수 있나요? **Can we walk there?**
캔 위 웍 데어?

◎ 시간이 어느 정도 걸리나요? **How long does it take?**
하우 롱 더즈 잇 테익?

길을 잃었을 때

◎ 길을 잃었어요. 도와 주세요.
I'm lost. Please help.
아임 로스트. 플리즈 헬프.

◎ 실례합니다. 제가 지금 있는 곳이 지도에서 어디인가요?
Excuse me. Where am I on the map?
익스큐즈 미. 웨어 엠 아이 온 더 맵?

◎ 길을 잘못 들었어요. 여기가 어디예요?
We took the wrong way. Where are we?
위 툭 더 롱 웨이. 웨어 아 위?

◎ 저는 지하철을 찾고 있어요.
I'm looking for a subway station.
아임 룩킹 포러 써브웨이 스테이션.

상대방이 길을 물어볼 때

◎ 미안합니다. 저도 모릅니다.
Sorry. I don't know.
쏘리. 아이 돈 노우.

◎ 관광객이라 저도 잘 모릅니다.
I'm a tourist. I'm not sure myself.
아임 어 투어뤼스트. 아임 낫 슈어 마이셀프.

◎ 다른 사람에게 물어 보시죠.
Please ask someone else.
플리즈 애스크 썸원 엘스.

버스를 탈 때

◎ 버스 정류장은 어디인가요?
Where is the bus stop?
웨어리즈 더 버스탑?

◎ 어떤 버스가 시내로 가나요?
Which bus goes downtown?
위치 버스 고우즈 다운타운?

◎ 버스 시간표를 주시겠어요?
Can I have a bus timetable?
캔 아이 해버 버스 타임테이블?

◎ 이 버스 시내로 가나요?
Is this bus bound for downtown?
이즈 디스 버스 바운드 포 다운타운?

지하철을 탈 때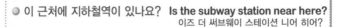

◎ 이 근처에 지하철역이 있나요?
Is the subway station near here?
이즈 더 써브웨이 스테이션 니어 히어?

◎ 몇 호선이 공항 가요?
What line goes to the airport?
왓 라인 고우즈 투 디 에어포트?

◎ 자동 매표기는 어디 있나요?
Where is the ticket machine?
웨어리즈 더 티켓 머쉰?

◎ 가장 가까운 지하철역까지 거리가 얼마나 되나요?
How far away is the nearest subway station?
하우 파 어웨이 이즈 더 니어뤼스트 써브웨이 스테이션?

지하철을 탔을 때

◎ 바꿔타야 해요?
Should I transfer?
슈다이 트랜스퍼?

◎ 어디에서 갈아타야 해요?
Where should I transfer?
웨어 슈다이 트랜스퍼?

◎ 이거 시청에 가나요?
Is this for City Hall?
이즈 디스 포 씨리 홀?

◎ 다음이 채링 크로스 역인가요?
Is the next stop Charing Cross station?
이즈 더 넥스트 스탑 채링 크로스 스테이션?

택시를 탈 때

◎ 택시 승강장은 어디인가요?
Where is the taxi stand?
웨어리즈 더 택시 스탠드?

◎ 어디에서 택시를 탈 수 있어요?
Where can I take a taxi?
웨어 캔 아이 테이커 택시?

◎ 트렁크를 열어 주시겠어요?
Would you open the trunk?
우쥬 오픈 더 트렁크?

◎ 이 주소로 가 주세요
Take me to this address, please.
테익 미 투 디스 어드뤠스, 플리즈.

관광지에서 At sightseeing

관광지에서 쓰는 표현 Best 3

◎ 이 도시에서 가장 유명한 것은 무엇인가요? **What is the most famous thing in this city?**
왓 이즈 더 모스트 페이머스 씽 인 디스 씨티?

◎ 입장료는 얼마인가요? **How much is the admission fee?**
하우 머치 이즈 디 어드미션 피?

◎ 여기에서 사진을 찍어도 되나요? **May I take a picture here?**
메이 아이 테이커 픽춰 히어?

기본표현

여행	**tour** 투어		관광객	**tourist** 투어뤼스트
관광	**sightseeing** 싸잇씨잉		시내 관광	**city sightseeing** 씨티 싸잇씨잉
반나절	**half day** 하프 데이		하루	**full day** 풀 데이
당일 여행	**a day trip** 어 데이 트립		추천하다	**recommend** 뤠커멘드
관광 명소	**tourist attractions** 투어뤼스트 어트뤡션즈		입장료	**admission fee** 어드미션 피
전망대	**observatory** 업저버터리		계속되다	**last** 라스트
기념품	**souvenir** 쑤브니어		기념품점	**gift shop** 기프트 샵
줄	**row** 로우		인상적인	**impressive** 임프뤠시브

관광지에서 많이 쓰는 핵심표현

관광 안내소에서

◎ 무료 지도가 있나요?
Do you have a free map?
두 유 해버 프리 맵?

◎ 관광 정보가 필요합니다.
I need tourist information.
아이 니드 투어리스트 인포메이션.

◎ 런던 시내를 관광하고 싶은데요.
I'd like to see the sights of London.
아이드 라익 투 씨 더 싸잇츠 어브 런던.

관광 정보를 수집할 때

◎ 이 도시에서 가장 유명한
것은 무엇인가요?
**What is the most famous
thing in this city?**
왓 이즈 더 모스트 페이머스 씽 인 디스 씨티?

◎ 갈 만한 곳을 추천해 주시겠어요?
**Could you recommend some
interesting places?**
쿠쥬 뤠커멘드 썸 인터뤠스팅 플레이시즈?

◎ 이 도시의 관광 명소에는 어떤 것이 있나요?
**What are the tourist attractions
in this city?**
왓 아 더 투어리스트 어트뤡션즈 인 디스 시티?

입장료를 물을 때

◎ 입장료는 얼마인가요?
How much is the admission fee?
하우 머치 이즈 디 어드미션 피?

◎ 한 사람당 얼마인가요?
How much is it for each person?
하우 머치 이즈 잇 포 이치 퍼슨?

◎ 어른 2장, 아이 1장 주세요.
Two adults and one child, please.
투 어덜츠 앤 원 차일드, 플리즈.

◎ 관광 버스 투어가 있나요? **Is there a sightseeing bus tour?**
이즈 데어러 싸잇씨잉 버스 투어?

◎ 시간이 얼마나 걸리나요? **How long does it last?**
하우 롱 더즈 잇 라스트?

◎ 투어는 매일 있나요? **Do you have tours every day?**
두 유 해브 투어즈 에브리 데이?

◎ 오전 투어가 있나요? **Is there a morning tour?**
이즈 데어러 모닝 투어?

◎ 야간 관광은 있나요? **Do you have a night tour?**
두 유 해버 나잇 투어?

◎ 몇 시에 떠나요? **When do you leave?**
웬 두 유 리브?

◎ 어디에서 출발하나요? **Where does it start?**
웨어 더즈 잇 스타트?

◎ 여기에 누가 살았었나요? **Who lived here?**
후 리브드 히어?

◎ 언제 지어진 건가요? **When was it built?**
원 워즈 잇 빌트?

◎ 저 건물은 무엇인가요? **What is that building?**
왓 이즈 댓 빌딩?

◎ 높이는 어느 정도인가요? **How high is it?**
하우 하이 이즈 잇?

◎ 몇 년이나 된 건가요? **How old is it?**
하우 오올드 이즈 잇?

투어 버스 안에서

◎ 자유 시간은 있나요?
Do we get free time?
두 위 겟 프리 타임?

◎ 여기에서 얼마나 있나요?
How long do we stop here?
하우 롱 두 위 스탑 히어?

◎ 몇 시에 돌아오나요?
When do we come back?
웬 두 위 컴 백?

◎ 시간은 어느 정도 있나요?
How long do we have?
하우 롱 두 위 해브?

촬영을 부탁할 때

◎ 사진을 찍어 주시겠어요?
Would you take a picture of us?
우쥬 테이커 픽쳐 오브 어스?

◎ 여기서 제 사진 좀 찍어 주세요.
Take a picture of me here, please.
테이커 픽쳐 오브 미 히어, 플리즈.

◎ 이 버튼을 누르세요.
Press this button.
프레스 디스 버튼.

◎ 한 장 더 부탁합니다.
One more, please.
원 모어, 플리즈.

촬영을 허락받을 때

◎ 여기에서 사진을 찍어도 되나요?
May I take a picture here?
메이 아이 테이커 픽쳐 히어?

◎ 플래시를 써도 되나요?
Can I use flash?
캔 아이 유즈 플래쉬?

◎ 비디오를 찍어도 되나요?
May I take a video?
메이 아이 테이커 비디오?

◎ 당신 사진을 찍어도 되나요?
May I take your picture?
메이 아이 테익 유어 픽쳐?

식당에서 쓰는 표현 Best 3

◎ 주문하시겠습니까?

May I take your order?
메이 아이 테익 유어 오더?

◎ 스테이크 2인분 주세요.

Two steaks, please.
투 스테익스, 플리즈.

◎ 소금 좀 갖다 주시겠어요?

Could I have some salt?
쿠다이 해브 썸 쏠트?

기본단어

레스토랑	**restaurant** 뢰스터뤈트	주문	**order** 오더
식사	**meal** 밀	요리	**dish** 디쉬
접시	**plate** 플레이트	젓가락	**chopsticks** 챱스틱스
예약석	**reserved table** 뤼저브드 테이블	봉사료	**service charge** 써비스 촤쥐
소금	**salt** 쏠트	설탕	**sugar** 슈거
후추가루	**pepper** 페퍼	식초	**vinegar** 뷔니거
매운	**hot** 핫	싱거운	**flat** 플랫
짠	**salty** 쏠티	달콤한	**sweet** 스윗

식당에서 많이 쓰는 핵심표현

식당을 찾을 때

● 식당을 찾고 있는데요.
I'm looking for a restaurant.
아임 룩킹 포러 뤠스터뤈트.

● 가장 가까운 식당은 어디인가요?
Where is the nearest restaurant?
웨어리즈 더 니어뤼스트 뤠스터뤈트?

● 이 시간에 문을 연 식당이 있나요?
Is there a restaurant open at this time?
이즈 데어러 뤠스터뤈트 오픈 앳 디스 타임?

● 가벼운 식사를 하고 싶은데요.
I'd like to have a light meal.
아이드 라익 투 해버 라잇 밀.

● 근처에 한국 식당이 있나요?
Is there a Korean restaurant near here?
이즈 데어러 코뤼언 뤠스터뤈트 니어 히어?

식당을 예약할 때

● 예약이 필요한가요?
Do you need a reservation?
두 유 니드 어 뤠저베이션?

● 오늘 밤 7시에 세 사람 자리를 예약하고 싶습니다.
I'd like to make a reservation for three at seven tonight.
아이드 라익 투 메이커 뤠저베이션 포 쓰리 앳 쎄븐 투나잇.

● 복장 규제가 있나요?
Is there a dress code?
이즈 데어러 드뤠스 코드?

● 일행이 몇 분인가요?
How large is your party?
하우 라쥐 이즈 유어 파리?

● 금연석으로 부탁합니다.
We'd like a non-smoking table.
위드 라이커 논 스모킹 테이블.

● 예약을 취소하고 싶습니다.
I want to cancel my reservation.
아 원 투 캔슬 마이 뤠저베이션.

◎ 주문하시겠어요? **Are you ready to order?**
아 유 뤠디 투 오더?

◎ 이제 주문하겠어요. **I'd like to order now.**
아이드 라이크 투 오더 나우.

◎ 스테이크 2인분 주세요. **Two steaks, please.**
투 스테익스, 플리즈.

◎ 스테이크는 어떻게 해 드릴까요? **How would you like your steak?**
하우 우쥬 라익 유어 스테익?

◎ 잘 익혀 주세요. **Well done, please.**
웰 던, 플리즈.

◎ 어떤 음식을 추천해 주실 건가요? **What do you recommend here?**
왓 두 유 뤠커멘드 히어?

◎ 점심 특선은 무엇인가요? **What is your lunch special?**
왓 이즈 유어 런치 스페셜?

◎ 음료는 무엇으로 하시겠습니까? **Anything to drink?**
애니씽 투 드링크?

◎ 아니, 됐어요. 그냥 물만 주세요. **No, thank you. Just water, please.**
노, 땡큐. 저스트 워터, 플리즈.

◎ 디저트는 뭐가 있어요? **What do you have for dessert?**
왓 두 유 해브 포 디저트?

◎ 계산서 주세요. **Check, please.**
첵, 플리즈.

◎ 제가 살게요. **It's on me.**
잇츠 온 미.

◎ 신용카드로 해도 되나요? **Do you take credit cards?**
두 유 테익 크뤠딧 카즈?

◎ 물론입니다. 여기에 서명해 주세요. **Of course. Just sign here.**
어브 코스. 저스트 싸인 히어.

패스트 푸드점에서 주문할 때

● 햄버거와 콜라 주세요.　　**A hamburger and coke, please.**
어 햄버거 앤 코우크, 플리즈.

● 여기서 드시나요? 아니면 포장해 드릴까요?　**For here or to go?**
포 히어 오어 투 고우?

● 포장해 주세요.　　**To go, please.**
투 고우, 플리즈.

● 어떤 사이즈로 하시겠습니까?　**What size would you like?**
왓 싸이즈 우쥬 라익?

● 중간 사이즈로 주세요.　　**Medium, please.**
미디엄, 플리즈.

● 리필해 주세요.　　**Can I get a refill, please?**
캔 아이 게러 리필, 플리즈?

주문 요리에 문제가 있을 때

● 주문한 게 아직 안 나왔는데요.　**My order hasn't come yet.**
마이 오더 해즌 컴 옛.

● 얼마나 기다려야 하나요?　**How long do we have to wait?**
하우 롱 두 위 해브 투 웨잇?

● 커피 두 잔 주문했는데요.　**I ordered two cups of coffee.**
아이 오더드 투 컵스 오브 커피.

● 주문을 확인해 주시겠어요?　**Would you check my order?**
우쥬 첵 마이 오더?

● 다른 요리가 나왔어요.　**This is the wrong dish.**
디스 이즈 더 롱 디쉬.

● 이것은 제가 주문한 게 아니예요.　**This isn't what I ordered.**
디스 이즌 왓 아이 오더드.

● 차가 식었어요.　**My tea isn't hot enough.**
마이 티 이즌 핫 이너프.

● 이 요리를 데워 주세요.　**Please warm this dish up.**
플리즈 웜 디스 디쉬 업.

Unit 7 상점에서 At the shops

상점에서 쓰는 표현 Best 3

◎ 어서 오세요.
May I help you?
메이 아이 헬프 유?

◎ 그냥 좀 둘러보고 있어요.
I'm just looking around.
아임 저스트 룩킹 어라운드.

◎ 다른 것을 보여 주세요.
Show me another one, please.
쇼유 미 언아더 원, 플리즈.

기본단어

선물 가게	**gift store** 기프트 스토어		보석 가게	**jewelry store** 쥬얼뤼 스토어
할인 가게	**discount shop** 디스카운트 샵		편의점	**convenience store** 컨비니언스 스토어
종이 봉지	**paper bag** 페이퍼 백		비닐 봉지	**plastic bag** 플라스틱 백
계산원	**cashier** 캐쉬어		점원	**clerk** 클락
면	**cotton** 코튼		가죽	**leather** 레더
헐렁한	**loose** 루스		목걸이	**necklace** 넥클러스
귀걸이	**earings** 이어륑즈		반지	**ring** 륑
팔찌	**bracelet** 브뤠이슬릿		브로치	**broach** 브로우치

038

상점에서 많이 쓰는 핵심표현

쇼핑센터를 찾을 때

◎ 쇼핑센터는 어느 방향인가요? **Which way is the shopping center?**
위치 웨이 이즈 더 샤핑 센터?

◎ 쇼핑몰은 어디인가요? **Where is the shopping mall?**
웨어리즈 더 샤핑 몰?

◎ 쇼핑가는 어디에 있나요? **Where is the shopping area?**
웨어리즈 더 샤핑 에뤼어?

가게를 찾을 때

◎ 편의점을 찾고 있는데요. **I'm looking for a convenience store.**
아임 룩킹 포러 컨비니언스 스토어.

◎ 이 주변에 할인 가게가 있나요? **Is there a discount shop around hear?**
이즈 데어러 디스카운트 샵 어라운드 히어?

◎ 운동화는 어디서 사나요? **Where can I buy sneakers?**
웨어 캔 아이 바이 스니커즈?

가게에 들어섰을 때

◎ 어서 오세요. **May I help you?**
메이 아이 헬프 유?

◎ 좀 둘러봐도 되나요? **Can I look around?**
캔 아이 룩커롸운드?

◎ 그냥 좀 둘러보고 있어요. **I'm just looking around.**
아임 저스트 룩킹 어롸운드.

사고 싶은 물건을 찾을 때

◎ 스카프가 있나요?
Do you have a scarf?
두 유 해버 스카프?

◎ 선글라스를 찾고 있어요.
I'm looking for sunglasses.
아임 룩킹 포 썬글라시즈.

◎ 가장 인기 있는 건 무엇인가요?
What is the most popular?
왓 이즈 더 모스트 파퓰러?

◎ 기념품으로 좋은 게 있나요?
Is there something good for a souvenir?
이즈 데어 썸씽 굿 포러 쑤브니어?

물건을 보고 싶을 때

◎ 그걸 봐도 될까요?
May I see it?
메이 아이 씨 잇?

◎ 저것 좀 보여 주세요.
Can you show me that?
캔 유 쇼우 미 댓?

◎ 이거 입어봐도 되나요?
Can I try this on?
캔 아이 츄라이 디스 온?

◎ 좀 더 작은 것이 있나요?
Do you have a smaller one?
두 유 해버 스몰러 원?

다른 물건을 찾을 때

◎ 다른 것은 없어요?
Can I see other items?
캔 아이 씨 어더 아이템즈?

◎ 다른 것을 보여 주세요.
Show me another one, please.
쇼유 미 언아더 원, 플리즈.

◎ 좀 더 큰 것을 보여주시겠어요?
Could you show me a bigger one?
쿠쥬 쇼우 미 어 비거 원?

◎ 이 제품으로 다른 치수는 없어요?
Do you have this item in other sizes?
두 유 해브 디스 아이템 인 아더 사이지즈?

물건을 사지 않고 나올 때

◎ 좀 더 둘러보고 올게요.
I'll look around and come back.
아일 룩커라운드 앤 컴 백.

◎ 다음에 다시 올게요.
I'll come back another time.
아일 컴 백 언아더 타임.

◎ 제가 찾던 것이 아니에요.
That's not what I was looking for.
댓츠 낫 왓 아이 워즈 룩킹 포.

◎ 미안합니다만 마음에 들지 않아요.
Sorry, but I don't like it.
쏘리, 벗 아이 돈 라이킷.

품질에 대해 물을 때

◎ 이것은 수제품인가요?
Is this hand-made?
이즈 디스 핸드 메이드?

◎ 품질은 좋은가요?
Is this of good quality?
이즈 디스 오브 굿 퀄러티?

◎ 품질이 나쁘네요.
It's of poor quality.
이츠 오브 푸어 퀄러티.

◎ 재질은 무엇인가요?
What's this made of?
왓츠 디스 메이드 오브?

가격을 물을 때

◎ 얼마예요?
How much?
하우 머취?

◎ 그거 얼마예요?
How much is it?
하우 머취 이즈 잇?

◎ 몇 퍼센트 할인해요?
What is the discount rate?
왓 이즈 더 디스카운트 뤠이트?

◎ 세일은 언제부터 하나요?
When are you having sales?
웬 아 유 해빙 세일즈?

Unit 8 공공기관에서 At public offices

공공기관에서 쓰는 표현 Best 3

◎ 배가 아파요.
I have a stomachache.
아이 해버 스터머케이크.

◎ 여기에서 환전할 수 있나요?
Can I exchange money here?
캔 아이 익스체인지 머니 히어?

◎ 보통 우편으로 보내 주세요.
I'd like to send this by regular mail.
아이드 라익 투 쎈드 디스 바이 뤠귤러 메일.

기본단어

소포	parcel 파슬	우표	stamp 스탬프
우체통	mailbox 메일박스	우편 요금	postage 포스티쥐
보통 우편	regular mail 뤠귤러 메일	지폐	bill 빌
동전	coin 코인	신용카드	credit card 크뤠딧 카드
신분증	identity card 아이덴터티 카드	환율	exchange rate 익스체인지 뤠이트
수수료	charge 촤쥐	현금 자동 지급기	automatic teller machine 오토메틱 텔러 머쉰
입금하다	deposit 디파짓	출금하다	withdraw 위드로
서명	signature 시그티춰	잔고	balance 밸런스

공공기관에서 많이 쓰는 핵심표현

우체국을 찾을 때

◎ 우체국은 어디에 있나요?
Where is the post office?
웨어리즈 더 포스트 오피스?

◎ 우표는 어디서 사나요?
Where can I buy stamps?
웨어 캔 아이 바이 스탬스?

◎ 우체통은 어디에 있나요?
Where is the mailbox?
웨어리즈 더 메일박스?

편지를 보낼 때

◎ 우표를 사고 싶은데요.
I'd like to buy some stamps.
아이드 라익 투 바이 썸 스탬스.

◎ 이거 우편요금이 얼마예요?
How much is the postage for this?
하우 머취 이즈 더 포스티쥐 포 디스?

◎ 보통 우편으로 보내 주세요.
I'd like to send this by regular mail.
아이드 라익 투 쎈드 디스 바이 뤠귤러 메일.

소포를 보낼 때

◎ 이 소포를 한국에 보내고 싶어요.
I'd like to send this parcel to Korea.
아이드 라익 투 쎈드 디스 파슬 투 코뤼아.

◎ 이것을 보내는 데 얼마예요?
How much is it to send this?
하우 머치 이즈 잇 투 쎈드 디스?

◎ 소포용 박스가 있어요?
Do you have any boxes for parcels?
두 유 해브 애니 박시즈 포 파슬즈?

은행에서

● 통장을 만들고 싶어요.
I'd like to open an account.
아이드 라익 투 오픈 언 어카운트.

● 현금 카드를 만들어 주세요.
I'd like to request a cash card.
아이드 라익 투 뤼퀘스트 어 캐쉬 카드.

● 입금하려고요.
I'd like to make a deposit.
아이드 라익 투 메이커 디파짓.

● 계좌 이체를 하고 싶습니다.
I'd like to make a transfer.
아이드 라익 투 메이커 트랜스퍼.

● 백 달러를 찾고 싶어요.
I'd like to withdraw a hundred dollars.
아이드 라익 투 위드로우 어 헌드렛 달러즈.

환전할 때

● 여기에서 환전할 수 있나요?
Can I exchange money here?
캔 아이 익스체인지 머니 히어?

● 어디에서 환전하나요?
Where can I exchange money?
웨어 캔 아이 익스체인지 머니?

● 원화를 미국 달러로 바꾸고 싶어요.
I'd like to exchange Korean Won into U.S. dollars.
아이드 라익 투 익스체인지 코뤼인 원 인투 유에스 달러즈.

● 오늘 환율은 어떻게 되죠?
What's the exchange rate today?
왓츠 더 익스체인지 뤠이트 투데이?

카드에 문제가 있을 때

● 카드를 분실했어요.
I lost my card.
아이 로스트 마이 카드.

● 카드를 정지해 주시겠어요?
Could you cancel my card?
쿠쥬 캔슬 마이 카드?

● 현금 자동 인출기에서 카드가 안 빠져요.
It doesn't come out of the ATM.
잇 더즌 컴 아우러브 더 에이티엠.

도서관에서

무엇을 도와 드릴까요?
May I help you?
메이 아이 헬프 유?

모비 딕을 찾고 있어요.
I'm looking for Moby Dick.
아임 룩킹 포 모비 딕.

이 책이 있는지 확인해 주세요.
Can you find this book for me?
캔 유 파인드 디스 북 포 미?

책을 빌리려면 회원 카드가 필요해요?
Do I need a card to check out books?
두 아이 니드 어 카드 투 체크 아웃 북스?

도서관 회원 카드가 없어요.
I don't have a library card.
아이 돈 해버 라이브뤄뤼 카드.

병원에서

진찰을 받고 싶어요.
I want to see a doctor.
아 원투 씨 어 닥터.

배가 아파요.
I have a stomachache.
아이 해버 스터머케이크.

어디가 아프세요?
Where does it hurt?
웨어 더즈 잇 허트?

언제쯤 결과를 알 수 있어요?
When can I get the result?
웬 캔 아이 겟 더 뤼절트?

입원해야 해요?
Do I have to be hospitalized?
두 아이 해브 투 비 하스피털라이즈드?

미용실에서

파마를 하고 싶어요.
I want to get a perm.
아 원투 게러 펌.

다듬기만 해 주세요.
Just a trim, please.
저스트 어 츄림, 플리즈.

헤어스타일을 바꾸고 싶어요.
I'd like to change my hair style.
아이드 라익 투 췌인쥐 마이 헤어스타일.

Unit 9 문제가 생겼을 때 In troubles

문제가 생겼을 때 쓰는 표현 Best 3

◎ 좀 더 천천히 말씀해 주세요.

Speak more slowly, please.
스피크 모어 슬로울리, 플리즈.

◎ 긴급 상황입니다.

It's an emergency.
잇츠 언 이머전시.

◎ 구급차를 불러 주세요.

Please call an ambulance.
플리즈 콜 언 앰뷸런스.

기본단어

응급 상황	**emergency** 이머전시.		화장실	**restroom** 뤠스트룸
병원	**hospital** 하스피틀		약국	**drugstore** 드럭스토어
경찰서	**police station** 폴리스 스테이션		통역사	**interpreter** 인터프뤼터
소매치기	**pickpocket** 픽포켓		도둑	**thief** 띠프
두통	**headache** 헤데이크		치통	**toothache** 투쓰에이크
복통	**stomachache** 스터머케이크		고통	**pain** 패인
데다	**burn** 번		삐다	**sprain** 스프뤠인
부러지다	**break** 브뤠이크		처방전	**prescription** 프뤼스크뤕션

문제가 생겼을 때 많이 쓰는 핵심표현

의사소통이 되지 않을 때

◎ 영어를 할 줄 몰라요.
I can't speak English.
아이 켄트 스피크 잉글리쉬.

◎ 영어를 잘 못해요.
My English isn't good.
마이 잉글리쉬 이즌 굿.

◎ 영어로 설명할 수 없어요.
I can't explain it in English.
아이 캔트 익스플레인 잇 인 잉글리쉬.

◎ 좀 더 천천히 말씀해 주세요.
Speak more slowly, please.
스피크 모어 슬로울리, 플리즈.

통역을 부탁할 때

◎ 한국어 하는 사람 있나요?
Does anyone speak Korean?
더즈 애니원 스피크 코뤼언?

◎ 한국인 통역사를 불러 주세요.
I need a Korean interpreter.
아이 니드 어 코뤼언 인터프리터.

◎ 한국인 통역사를 불러주시겠어요?
Can you get me a Korean interpreter?
캔 유 겟 미 어 코뤼언 인터프리터?

곤경에 처했을 때

◎ 어떻게 하면 좋죠?
What should I do?
왓 슈라이 두?

◎ 심각한 문제가 생겼어요.
We have a big problem.
위 해버 빅 프라블럼.

◎ 지금 곤경에 처했어요.
I'm in big trouble now.
아임 인 빅 트뤄블 나우.

분실했을 때

○ 유실물 센터는 어디인가요?
Where is the lost and found?
웨어리즈 더 로스트 앤 파운드?

○ 아무리 찾아도 없어요.
I can't find it anywhere.
아이 캔트 파인딧 애니웨어.

○ 어디서 잃어버렸는지 모르겠어요.
I'm not sure where I lost it.
아임 낫 슈어 웨어 아이 로스팃.

○ 무엇을 잃어 버렸나요?
What did you lose?
왓 디쥬 루즈?

상황이 위급할 때

○ 도와 주세요!
Help!
헬프!

○ 누구 없어요?
Is anybody here?
이즈 애니바디 히어?

○ 경찰을 불러 주세요.
Call the police, please.
콜 더 폴리스, 플리즈.

○ 알았으니 해치지 마세요.
Okay. Don't hurt me.
오케이. 돈 헛 미.

경찰서에서

○ 도난 신고를 하고 싶어요.
I want to report a theft.
아이 원 투 리포트 어 떼프트.

○ 제 여권을 도난당했어요.
My passport was stolen.
마이 패스포트 워즈 스톨른.

○ 지금 한국 대사관으로 연락해 주세요.
Please contact the Korean embassy now.
플리즈 컨택 더 코뤼안 엠버시 나우.

○ 찾으면 한국으로 보내 주세요.
Please send it to Korea, when you find it.
플리즈 센딧 투 코뤼아, 웬 유 파인딧.

사고를 당했을 때

◎ 의사를 불러 주세요.
Please call a doctor.
플리즈 콜 어 닥터.

◎ 진료를 받고 싶은데요.
I'd like to see a doctor.
아이드 라익 투 씨 어 닥터.

◎ 제 친구가 교통 사고를 당했어요.
My friend had a car accident.
마이 프뤤드 해드 어 카 액시턴트.

◎ 친구가 차에 치었어요.
My friend was hit by a car.
마이 프뤤드 워즈 힛 바이 어 카.

◎ 그를 병원으로 데려가 주시겠어요?
Could you take him to a hospital?
쿠쥬 테이킴 투 어 하스피틀?

몸이 좋지 않을 때

◎ 몸이 아파요.
I'm sick.
아임 씩.

◎ 멀미가 나요.
I feel sick.
아이 필 씩.

◎ 몸이 좋지 않아요.
I'm not feeling well.
아임 낫 필링 웰.

◎ 몸 상태가 이상해요.
Something is wrong with me.
썸씽 이즈 롱 윗 미.

약국에서

◎ 처방전이 있어요?
Do you have a prescription?
두 유 해버 프뤼스크 션?

◎ 이 처방전 약을 주세요.
Fill this prescription, please.
필 디스 프뤼스크륍션, 플리즈.

◎ 이 약의 복용법을 알려 주세요.
How should I take this medicine?
하우 슈다이 테익 디스 메디슨?

◎ 부작용이 있나요?
Are there any side effects?
아 데어 애니 싸이드 이팩츠?

귀국할 때 On homecoming

귀국할 때 쓰는 표현 Best 3

◎ 인천행을 예약하고 싶어요.
I'd like to book a flight to Incheon.
아이드 라익 투 북커 플라잇 투 인천.

◎ 예약을 확인하고 싶어요.
I'd like to confirm my reservation.
아이드 라익 투 컨펌 마이 뤠저베이션.

◎ 예약을 변경하고 싶어요.
I'd like to change my reservation.
아이드 라익 투 체인지 마이 뤠저베이션.

기본단어

예약하다	**reserve** 뤼저브	탑승객	**passenger** 패신저
확인하다	**confirm** 컨펌	재확인하다	**reconfirm** 뤼컨펌
취소하다	**cancel** 캔슬	대한항공 카운터	**Korean air counter** 코뤼언 에어 카운터
면세점	**duty-free shop** 듀티-프뤼 샵	면세	**tax-free** 택스 프뤼
탑승권	**boarding card** 보딩 카드	수하물	**baggage** 배기쥐
기내 휴대용 가방	**carry-on bag** 캐뤼 온 백	수하물을 부치다	**check** 첵
입국 신고서	**immigration card** 이미그뤠이션 카드	신고하다	**declare** 디클레어
세관 신고서	**customs declaration form** 커스텀즈 데클러뤠이션 폼	무게 제한	**weight limit** 웨잇 리밋

귀국할 때 많이 쓰는 핵심표현

귀국 편을 예약할 때

◎ 인천행을 예약하고 싶어요. **I'd like to reserve a flight to Incheon.**
아이드 라익 투 뤼저브 어 플라잇 투 인천.

◎ 7월 16일 인천행 항공편이 있나요? **Do you have a flight to Incheon on July 16th?**
두 유 해버 플라잇 투 인천 온 줄라이 씩스틴쓰?

◎ 대기자 명단에 올려 주세요. **Please put me on the waiting list.**
플리즈 풋 미 온 더 웨이팅 리스트.

예약을 확인할 때

◎ 예약을 확인하고 싶어요. **I'd like to confirm my reservation.**
아이드 라익 투 컨펌 마이 뤠저베이션.

◎ 한국에서 예약했어요. **I reserved my flight in Korea.**
아이 뤼저브드 마이 플라잇 인 코뤼어.

◎ 예약이 확인됐습니다. **Your reservation is confirmed.**
유어 뤠저베이션 이즈 컨펌드.

예약을 변경할 때

◎ 예약을 변경하고 싶어요. **I'd like to change my reservation.**
아이드 라익 투 체인지 마이 뤠저베이션.

◎ 금연석으로 바꿀 수 있나요? **Can I change it in a non smoking seat?**
캔 아이 췌인지 잇 인 어 논 스모킹 씻?

◎ 7월 1일로 바꿔 주세요. **Please change it to July first.**
플리즈 체인지 잇 투 줄라이 퍼스트.

예약을 취소할 때

◉ 예약을 취소해 주세요.
Please cancel my reservation.
플리즈 캔슬 마이 뤠저베이션.

◉ 예약을 취소하고 싶어요.
I'd like to cancel my reservation.
아이드 라익 투 캔슬 마이 뤠저베이션.

◉ 예약을 취소할 수 있나요?
Can I cancel my booking?
캔 아이 캔슬 마이 북킹?

◉ 죄송하지만 예약을 취소해야겠습니다.
I'm sorry, but I need to cancel my flight.
아임 쏘리, 벗 아이 니드 투 캔슬 마이 플라잇.

공항으로 갈 때

◉ 히스로 공항으로 가 주세요.
Heathrow airport, please.
히스로우 에어포트, 플리즈.

◉ 빨리 가 주세요. 늦었어요.
Please hurry. I'm late.
플리즈 허뤼. 아임 레잇.

◉ 공항까지 얼마나 걸릴까요?
How long will it take to get to the airport?
하우 롱 윌 잇 테익 투 겟 투 디 에어포트?

◉ 공항까지 택시 요금이 얼마인가요?
What's the taxi fare to the airport?
왓츠 더 택시 페어 투 디 에어포트?

탑승 수속을 할 때

◉ 탑승 수속은 어디서 하나요?
Where do I check in?
웨어 두 아이 체킨?

◉ 짐을 여기에 놓아도 되나요?
Can I put my baggage here?
캔 아이 풋 마이 배기쥐 히어?

◉ 창가쪽으로 주세요.
A window seat, please.
어 윈도우 씨트, 플리즈.

◉ 친구와 같은 좌석으로 주세요.
I'd like to sit with my friend.
아이드 라익투 씻 윗 마이 프뤤드.

수하물을 접수할 때

◎ 맡길 짐이 있나요?
Do you have any baggage to check?
두 유 해브 애니 배기쥐 투 첵?

◎ 가방을 맡길게요.
I'll check my bag.
아일 첵 마이 백.

◎ 이것은 기내에 가지고 들어가도 되나요?
Can I carry this in the cabin?
캔 아이 캐뤼 디스 인 더 캐빈?

◎ 무게 제한이 얼마인가요?
What's the weight limit?
왓츠 더 웨잇 리밋?

공항 면세점에서

◎ 면세점은 어디 있나요?
Where are the duty-free shops?
웨어 아 더 듀티프뤼 샵스?

◎ 한국 돈 받으시나요?
Do you accept Korean Won?
두 유 억셉 코뤼언 원?

◎ 미국 달러만 받습니다.
We accept only U.S. dollars.
위 억셉 온리 유에스 달러즈.

◎ 한국에 가지고 들어갈 수 있나요?
Can I carry this into Korea?
캔 아이 캐뤼 디스 인투 코뤼어?

귀국 편 기내에서

◎ 식사는 언제 나와요?
When will meals be served?
웬 윌 밀스 비 서브드?

◎ 기내 면세품을 사고 싶어요.
I'd like to buy in-flight duty-free goods.
아이드 라익 투 바이 인플라잇 듀티프뤼 굿즈

◎ 입국 카드 작성법을 알려 주세요.
Please tell me how to fill out the immigration card.
플리즈 텔 미 하우 투 필 아웃 디 이미그뤠이션 카드.

◎ 인천에 제 시간에 도착하나요?
Will it arrive on time in Incheon?
윌릿 어롸이브 온 타임 인 인천?

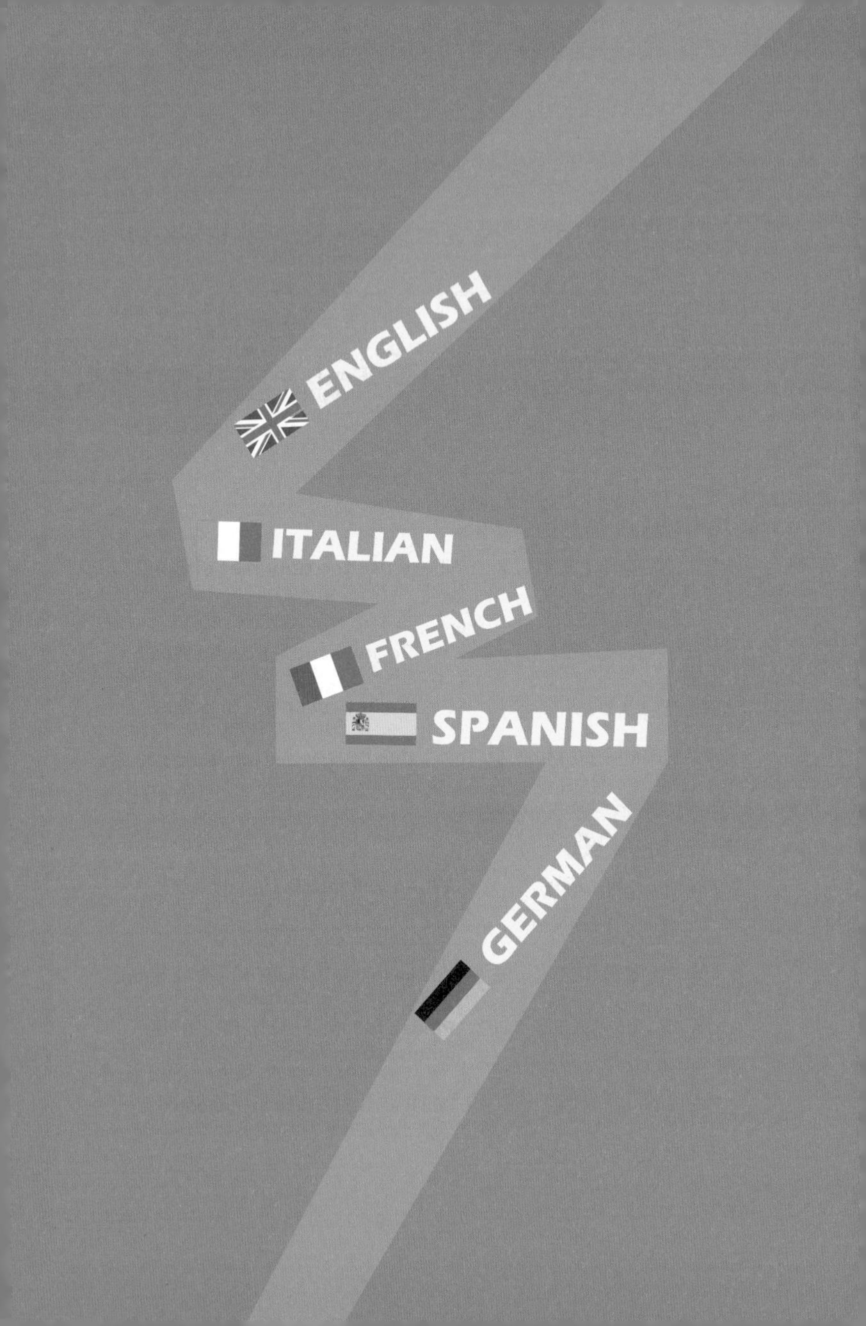
ENGLISH
ITALIAN
FRENCH
SPANISH
GERMAN

ITALIAN

Unit 1 기내에서 A bordo

기내에서 쓰는 표현 Best 3

◎ 제 좌석은 어디죠?

Dov'è il mio posto?
도베 일 미오 뽀스또'?

◎ 닭고기 주세요.

Il pollo, per favore.
일 뽈로, 뻬르 파보레.

◎ 담요 한장 주시겠어요?

Potrei avere una coperta?
뽀뜨레이 아베레 우나 꼬뻬르따?

기본단어

여권	passaporto 빠싸뽀르또	탑승권	carta d'imbarco 까르따 딤바르꼬
비자	visto 비스또	1등석	prima classe 쁘리마 끌라쎄
비즈니스석	Business class 비지니스 클라스	일반석	seconda classe 쎄꼰다 끌라쎄
기장	capitano 까삐따노	창가 쪽 좌석	posto al finestrino 뽀스또 알 피네스트리노
통로 쪽 좌석	posto in corridoio 뽀스또 인 꼬리도이오	식사 테이블	tavolino pieghevole 따볼리노 삐에게볼레
기내 화장실	bagno 반뇨	비어있음	libero 리베로
사용 중	occupato 오꾸파또	입국카드	carta di sbarco 까르따 디 스바르꼬
담요	coperta 꼬뻬르따	헤드폰	cuffia 꾸피아

기내에서 많이 쓰는 핵심표현

자리를 찾을 때

◎ 제 좌석은 어디죠? **Dov'è il mio posto?**
도베 일 미오 뽀스또?

◎ 33A는 어디예요? **Dov'è 33A?**
도베 뜨렌따뜨레 아?

◎ 제 자리 찾는 것을 **Potrebbe aiutarmi a trovare il mio posto?**
도와주시겠어요? 뽀뜨렙베 아유따르미 아 뜨로바레 일 미오 뽀스또?

자리를 바꾸고 싶을 때

◎ 친구랑 제 좌석이 떨어져 있어요. **Non è vicino il posto del mio amico.**
논 에 비치노 일 뽀스또 델 미오 아미꼬.

◎ 좌석을 바꿀 수 있을까요? **Possiamo scambiare i posti?**
뽀씨아모 스깜비아레 이 뽀스띠?

◎ 제 자리와 바꿀 수 있을까요? **Potrebbe prendere il mio posto?**
뽀뜨렙베 쁘렌데레 일 미오 뽀스또?

좌석이 불편할 때

◎ 좌석을 뒤로 눕혀도 될까요? **Posso reclinare il mio sedile?**
뽀쏘 레끌리나레 일 미오 세딜레?

◎ 좌석을 차지 말아 주세요 **Per favore, non calci il mio sedile.**
뻬르 파보레, 논 깔치 일 미오 세딜레.

◎ 좌석을 앞으로 좀 당겨 주시겠어요? **Potrebbe tirare il suo sedile un po'?**
뽀뜨렙베 띠라레 일 수오 세딜레 운 뽀?

식사를 주문할 때

◎ 닭고기 주세요.
Il pollo, per favore.
일 뽈로, 뻬르 파보레.

◎ 소고기 주세요.
Il manzo, per favore.
일 만쪼, 뻬르 파보레.

◎ 고추장 있어요?
C'è salsa piccante?
체 살사 삐깐떼?

◎ 이것으로 부탁합니다.
Vorrei prendere questo, per favore.
보레이 쁘렌데레 꿰스또, 뻬르 파보레.

음료를 주문할 때

◎ 오렌지 주스 있어요?
C'è succo d'arancia?
체 쑤꼬 다란챠?

◎ 커피 좀 주세요.
Un caffè, per favore.
운 까페, 뻬르 파보레.

◎ 시원하게 마실 것을 주시겠어요?
Potrei prendere qualcosa di fresco?
뽀뜨레이 쁘렌데레 꾸알꼬사 디 프레스코?

◎ 물 한잔 주세요.
Potrei avere un bicchiere di acqua?
뽀뜨레이 아베레 운 비끼에레 디 아꾸아?

화장실에 가고 싶을 때

◎ 실례지만, 화장실이 어디 있어요?
Scusi, dov'è il bagno?
스꾸시, 도베 일 반뇨?

◎ 지금 화장실에 가도 될까요?
Posso andare al bagno?
뽀쏘 안다레 알 반뇨?

◎ 화장실에 휴지가 없어요.
Non c'è la carta igienica nel bagno.
논 체 라 까르따 이제니까 넬 반뇨.

◎ 화장실이 어디에요?
Dov'è il bagno?
도베 일 반뇨?

필요한 물건을 달라고 할 때

◎ 담요 한장 주시겠어요?
Potrei avere una coperta?
뽀뜨레이 아베레 우나 꼬뻬르따?

◎ 읽을 것 좀 주시겠어요?
Può darmi qualcosa da leggere?
뿌오 다르미 꾸알꼬사 다 렛제레?

◎ 수면용 안대를 갖다 주실 수 있나요?
Posso avere una maschera per dormire?
뽀쏘 아베레 우나 마스께라 뻬르 도르미레?

◎ 한국어 신문이 있나요?
C'è giornale coreano?
체 죠르날레 꼬레아노?

도착에 관해서 물을 때

◎ 예정대로 도착하나요?
Arriveremo in tempo?
아리베레모 인 뗌뽀?

◎ 런던은 몇 시에 도착하나요?
Quando arriveremo a Londra?
꾸안도 아리베레모 아 론드라?

◎ 얼마나 지연될까요?
Di quanto è in ritardo?
디 꽌또 에 인 리따르도?

◎ 도착 시간은 언제인가요?
Quando arriviamo?
꽌도 아리비아모?

입국 신고서 작성할 때

◎ 이 서류 쓰는 법을 가르쳐 주시겠어요?
Potrebbe aiurtarmi a compilare questo documento?
뽀뜨렙베 아유따르미 아 꼼필라레 꿰스또 도꾸멘또?

◎ 여기에는 무엇을 쓰는 건가요?
Cosa devo scrivere qui?
꼬사 데보 스끄리베레 뀌?

◎ 제 입국 신고서를 봐주시겠어요?
Potrebbe vedere un po' la mia carta di sbarco?
뽀뜨렙베 베데레 운 뽀 라 미아 까르따 디 스바르꼬?

◎ 입국 신고서 작성을 도와주세요.
Potrebbe aiutarmi a compilare la carta di sbarco?
뽀뜨렙베 아유따르미 아 꼼필라레 라 까르따 디 스바르꼬?

공항에서 In aeroporto

공항에서 쓰는 표현 Best 3

◎ 어디에서 오셨나요?
Di dov'è?
디 도베에?

◎ 직업이 무엇인가요?
Che lavoro fà?
께 라보로 파?

◎ 방문 목적이 무엇인가요?
Qual è lo scopo della Sua visita?
꾸알레 로 스꼬뽀 델라 수아 비지따?

기본단어

항공사	**linea aerea** 리네아 아에레아	출발	**partenza** 빠르뗀짜
도착	**arrivo** 아리보	환승하다	**trasferire** 뜨라스페리레
보안 검색	**controllo di sicurezza** 꼰뜨롤로 디 시꾸렛짜	수하물 찾는 곳	**ritiro bagagli** 리띠로 바갈리
탑승 수속대	**check-in counter** 체킨 카운터	탑승 대기실	**sala d'imbarco** 쌀라 딤바르꼬
탑승구	**imbarco** 임바르꼬	입국 심사	**immigrazione** 이미그라찌오네
세관	**dogana** 도가나	무관세	**duty-free** 듀티 프리
신고하다	**dichiarare** 디끼아라레	목적지	**destinazione** 데스띠나찌오네
유실물 취급소	**bagagli smarriti** 바갈리 스마리띠	환전	**cambio** 깜비오

공항에서 많이 쓰는 핵심표현

탑승에 대해 물을 때

◎ 몇 시에 탑승 시작하나요?
A che ora è l'imbarco?
아 께 오라 에 림바르꼬?

◎ 몇 번 게이트로 가야 하나요?
Che uscita è?
께 우쉬따 에?

◎ 이거 기내에 가지고 탑승해도 되나요?
Posso portare questo a bordo?
뽀쏘 뽀르따레 꿰스또 아 보르도?

직업을 물어볼 때

◎ 직업이 무엇인가요?
Che lavoro fà?
께 라보로 파?

◎ 직업이 무엇인가요?
Che cosa fà?
께 꼬사 파?

◎ 무슨 일을 하시나요?
Che cosa fà?
께 꼬사 파?

직업을 말할 때

◎ 저는 사업을 해요.
Sono un' imprenditore.
쏘노 운 임쁘렌디또레.

◎ 저는 회사원이에요.
Sono un uomo d'affari.
쏘노 운 우오모 다파리.

◎ 저는 주부예요.
Sono una casalinga.
쏘노 우나 까살링가.

입국 심사대 통과할 때

● 여권을 보여 주세요.　　　　**Il passaporto, per favore.**
일 빳사뽀르또, 뻬르 파보레.

● 어디에서 오셨나요?　　　　**Di dov'è?**
디 도베에?

● 한국에서 왔어요.　　　　**Vengo dalla Corea del Sud.**
벵고 달라 꼬레아 델 수드.

● 방문 목적이 무엇인가요?　　**Qual è il motivo del suo soggiorno qui?**
꾸알 에 일 모띠보 델 수오 솟죠르노 뀌?

● 관광입니다.　　　　**Per le vacanze.**
뻬르 레 바깐쩨.

● 휴가 차 왔어요.　　　　**Sono qui per le vacanze.**
쏘노 뀌 뻬르 레 바깐쩨.

● 얼마나 머무실 건가요?　　**Per quanto tempo si fermerà?**
뻬르 꽌또 뗌뽀 씨 페르메라?

● 일주일 정도요.　　　　**Per una settimana.**
뻬르 우나 세띠마나.

● 어디에서 숙박하실 건가요?　**Dov'è starete?**
도베 스따레테?

● 힐튼 호텔에서 묵을 겁니다.　**Staremo in Hilton.**
스따레모 인 일톤.

● 돌아가는 항공권을 보여 주세요. **Il biglietto di ritorno, per favore.**
일 빌리에또 디 리또르노, 뻬르 파보레.

짐을 찾을 때

● 짐은 어디에서 찾나요?　　**Dove si prende i bagagli?**
도베 씨 쁘렌데 이 바갈리?

● 제 수하물은 어디에서 찾을 수 있죠? **Dov'è posso prendere i miei bagagli?**
도베 뽀쏘 쁘렌데레 이 미에이 바갈리?

● 제 짐이 보이지 않아요.　　**Non vedo la mia roba.**
논 베도 라 미아 로바.

● 제 가방이 보이지 않아요.　**Non vedo il mio bagaglio.**
논 베도 일 미오 바갈리오.

세관을 통과할 때

◎ 여권과 세관 신고서를 주세요.
Il passaporto e la dichiarazione doganale, per favore.
일 빠싸뽀르또 에 라 디끼아라찌오네 도가날레, 뻬르 파보레.

◎ 세관 신고서를 보여 주시겠습니까?
Fatemi vedere la dichiarazione doganale?
파떼미 베데레 라 디끼아라찌오네 도가날레?

◎ 세관 신고할 물건이 있나요?
Qualcosa da dichiarare?
꾸알꼬사 다 디끼아라레?

◎ 아니 없습니다.
No, niente.
노, 니엔떼.

환승할 때

◎ 저는 런던행 환승객입니다.
Sono un passeggero in transito per Londra.
쏘노 운 빠쎄제로 인 뜨란지또 뻬르 론드라.

◎ 갈아타는 곳이 어디인가요?
Dov'è la sala transiti?
도베 라 살라 뜨란지띠?

◎ 경유시간은 얼마나 되나요?
Quanto tempo dura la sosta?
꾸안또 뗌뽀 두라 라 소스따?

◎ 시드니행 환승 비행기를 놓쳤어요.
Ho perso il volo per Sydney.
오 페르소 일 미오 볼로 뻬르 시드니.

환전할 때

◎ 환전소는 어디인가요?
Dov'è l'ufficio di cambio?
도베 루피쵸 디 깜비오?

◎ 어디에서 환전하나요?
Dove posso cambiare i soldi?
도베 뽀쏘 깜비아레 이 쏠디?

◎ 달러로 바꿔 주세요.
Vorrei cambiare queste in dollari, per favore.
보레이 깜비아레 꿰스떼 인 돌라리, 뻬르 파보레.

◎ 환전을 하고 싶은데요.
Vorrei cambiare i soldi.
보레이 깜비아레 이 쏠디.

숙소에서 In albergo

숙소에서 쓰는 표현 Best 3

◎ 체크인하고 싶은데요.　　**Vorrei fare il check in, per favore.**
　　　　　　　　　　　　보레이 파레 일 체크인, 뻬르 파보레.

◎ 아침 7시에 깨워 주세요.　**Per favore svegliarmi telefonicamente alle sette.**
　　　　　　　　　　　　뻬르 파보레 스벨리아르미 뗄레포니까멘떼 알레 쎄떼.

◎ 아침 식사 시간은 몇 시예요?　**A che ora è la prima collazione?**
　　　　　　　　　　　　아 께 오라 에 라 쁘리마 꼴라찌오네?

기본단어

입실 수속	**check-in** 체크 인	퇴실 수속	**check-out** 체크 아웃
예약	**prenotazione** 쁘레노따찌오네	보증금	**deposito** 데뽀지또
성수기	**alta stagione** 알따 스따죠네	비수기	**bassa stagione** 바싸 스따죠네
손님	**cliente** 끌리엔떼	청구서	**conto** 꼰또
봉사료	**servizio** 쎄르비찌오	세탁물	**bucato** 부까또
영수증	**ricevuta** 리체부따	입구	**ingresso** 인그레쏘
비상구	**uscita** 우쉬따	예약 확인서	**conferma** 꼰페르마
숙박 카드	**carta d´iscrizione** 까르따 디스끄리찌오네	귀중품 보관소	**deposito di sicurezza** 데뽀지또 디 시꾸레짜

숙소에서 많이 쓰는 핵심표현

체크인을 할 때

◎ 체크인하고 싶은데요. **Vorrei fare il check in, per favore.**
보레이 파레 일 체크인, 뻬르 파보레.

◎ 마샤 강으로 예약을 했습니다. **Ho prenotato a nome di Marsha Kang.**
오 쁘레노따또 아 노메 디 마샤 강.

◎ 이것이 예약 확인증이에요. **Questa e' la conferma della prenotazione.**
꿰스따 에 라 꼰페르마 델라 쁘레노따찌오네.

룸이 마음에 들지 않을 때

◎ 방이 마음에 들지 않아요. **Non mi piace questa camera.**
논 미 피아체 꿰스따 까메라.

◎ 방을 바꿔 주세요. **Mi può cambiare la camera?**
미 뿌오 깜비아레 라 까메라?

◎ 경치가 좋은 방을 주시면 좋겠어요. **Preferisco una camera con vista.**
쁘레페리스코 우나 까메라 꼰 비스따.

모닝 콜을 부탁할 때

◎ 아침 7시에 깨워 주세요. **Per favore, svegliarmi alle sette domani mattina.**
뻬르 파보레, 스벨리아르미 알레 쎄떼 도마니 마띠나.

◎ 아침 7시에 모닝콜 해주세요. **Per favore, svegliarmi alle sette domani mattina.**
뻬르 파보레, 스벨리아르미 알레 쎄떼 도마니 마띠나.

◎ 아침 7시에 모닝콜을 걸어주시겠어요? **Potrebbe svegliarmi alle sette domani mattina, per favore?**
뽀뜨렙베 스벨리아르미 알레 쎄떼 도마니 마띠나, 뻬르 파보레?

조식에 대해 문의할 때

◎ 아침 식사는 어디에서 하나요? **Dov'è la sala da pranzo?**
도벨라 살라 다 쁘란쪼?

◎ 아침 식사 시간은 몇 시예요? **A che ora è la colazione?**
아 께 오라 에 라 꼴라찌오네?

◎ 아침 식사가 나오나요? **Servite prima colazione?**
세르비떼 쁘리마 꼴라찌오네?

◎ 조식이 포함되어 있나요? **E' compresa la colazione?**
에 꼼쁘레사 라 꼴라찌오네?

물건을 갖다 달라고 할 때

◎ 바누를 갖다 주세요. **Posso avere un sapone, per favore?**
뽀쏘 아베레 운 사뽀네, 뻬르 파보레?

◎ 타월을 더 주시겠어요? **Posso avere gli asciugamani in più, per favore?**
뽀쏘 아베레 리 아슈가마니 인 삐우, 뻬르 파보레?

◎ 베개를 더 갖다 주세요. **Posso avere un cuscino in più, per favore?**
뽀쏘 아베레 운 꾸쉬노 인 삐우, 뻬르 파보레?

◎ 화장지를 갖다 주세요. **Posso avere la carta igienica, per favore?**
뽀쏘 아베레 라 까르따 이제니까, 뻬르 파보레?

Wi-Fi에 대해 물을 때

◎ 여기 와이파이 되나요? **C'è WiFi qui?**
체 와이파이 뀌?

◎ 와이파이 비밀번호 뭐예요? **Qual è la password di WiFi?**
꾸알 에 라 빠스워드 디 와이파이?

◎ 와이파이를 연결해 주세요. **Può collegare WiFi, per favore?**
뿌오 꼴레가레 와이파이, 뻬르 파보레?

◎ 무료 와이파이가 있나요? **C'è WiFi gratuito?**
체 와이파이 그라뚜이또?

청소를 요청할 때

◎ 시트를 바꿔 주세요.
Può cambiare il lenzuolo?
뿌오 깜비아레 일 렌쭈올로?

◎ 침대를 정돈해 주세요.
Può sistemare il letto, per favore.
뿌오 시스떼마레 일 레또, 뻬르 파보레?

◎ 나가 있는 동안 방을 청소해 주세요.
Pulite la mia camera quando saremmo fuori, per favore.
뿔리떼 라 미아 까메라 꽌도 사렘모 푸오리, 뻬르 파보레.

◎ 제 방 청소가 아직 안 되었네요.
Non è pulita la mia camera.
논 에 뿔리따 라 미아 까메라.

세탁 서비스를 받고 싶을 때

◎ 세탁 서비스가 있나요?
Provvedete il servizio lavanderia?
쁘로베데떼 일 쎄르비찌오 라반데리아?

◎ 제 블라우스를 세탁해 주세요.
Lavare la mia camicia, per favore.
라바레 라 미아 까미챠, 뻬르 파보레.

◎ 언제 다 됩니까?
Quando finisce?
꾸안도 피니셰?

◎ 제 세탁물은 다 되었나요?
Quando arriva la mia camicia?
꾸안도 아리바 라 미아 까미치아?

체크아웃할 때

◎ 체크아웃 하려고요.
Check out, per favore.
체크 아웃, 뻬르 파보레.

◎ 체크아웃하고 싶은데요.
Vorrei pagare il conto e lasciare l'albergo.
보레이 빠가레 일 꼰또 에 라샤레 랄베르고.

◎ 몇 시에 체크아웃 해야 하나요?
Quando dobbiamo lasciare libera la camera?
꾸안도 도비아모 라샤레 리베라 라 까메라?

◎ 체크아웃은 몇 시인가요?
Quando é il check-out?
꾸안도 에 일 쳌 아웃

Unit 4 거리에서 Nella strada

거리에서 쓰는 표현 Best 3

◎ 힐튼 호텔로 가 주세요.
Hilton Hotel, per favore.
힐톤 오뗄, 뻬르 파보레.
Albergo Hilton, per favore.
알베르고 힐톤, 뻬르 파보레.

◎ 거기까지 걸어갈 수 있나요?
Si può arrivare a piedi?
씨 뿌오 아리바레 아 삐에디?

◎ 박물관은 어디 있나요?
Dov'è il museo?
도베 일 무세오?

기본단어

인도	**marciapiede** 마르챠삐에데		차도	**strada** 스뜨라다
길	**via** 비아		도로 표지판	**cartello stradale** 까르뗄로 스뜨라달레
신호등	**semaforo** 세마포로		지하철 갈아타는 곳	**Trasferire-Metro** 뜨라스페리레-메뜨로
매표소	**biglietteria** 빌리에떼리아		예정대로	**in orario** 인 오라리오
급행열차	**espresso** 에스쁘레쏘		편도	**solo andata** 솔로 안다따
승객	**passeggero** 빠쎄제로		왕복	**andata e ritorno** 안다따 에 리또르노
주의	**attenzione** 아뗀찌오네		위험	**pericolo** 뻬리꼴로
주차금지	**vietato parcheggio** 비에따또 빠르껫죠		주차장	**parcheggio** 빠르껫죠

068

거리에서 많이 쓰는 핵심표현

길을 물을 때

◎ 실례합니다. 박물관에는 어떻게 가나요? **Scusi, per andare al museo?**
스꾸지, 뻬르 안다레 알 무세오?

◎ 그곳에 어떻게 가는지 알려 주세요. **Potrebbe dirmi come andarci?**
뽀뜨렙베 디르미 꼬메 안다르치?

◎ 지하철까지 이 길로 가면 되나요? **Questa strada è per la metro?**
꿰스따 스트라다 에 뻬르 라 메뜨로?

장소를 찾을 때

◎ 공중 화장실은 어디에 있어요? **Dov'è il bagno?**
도베 일 반뇨?

◎ 박물관은 어디인가요? **Dov'è il museo?**
도베 일 무세오?

◎ 백화점은 어디인가요? **Dov'è il grande magazzino?**
도베 일 그란데 마가찌노?

소요 시간을 물을 때

◎ 여기에서 가까운가요? **È vicino da qui?**
에 비치노 다 뀌?

◎ 거기까지 걸어갈 수 있나요? **Si può arrivare a piedi?**
씨 뿌오 아리바레 아 삐에디?

◎ 시간이 어느 정도 걸리나요? **Quanto tempo ci vuole?**
꽌또 뗌뽀 치 부올레

길을 잃었을 때

◎ 길을 잃었어요. 도와 주세요.
Mi sono persa.
Mi può aiutare, per favore?
미 소노 뻬르사. 미 뿌오 아유따레, 뻬르 파보레?

◎ 실례합니다. 제가 지금 있는 곳이
지도에서 어디인가요?
Scusi, dove siamo sulla mappa?
스꾸지, 도베 씨아모 술라 마빠?

◎ 길을 잘못 들었어요. 여기가 어디예요?
Ho sbagliato la strada. Dove siamo?
오 스발리아또 라 스트라다. 도베 시아모?

◎ 저는 지하철을 찾고 있어요.
Sto cercando la metro.
스또 체르깐도 라 메트로.

상대방이 길을 물어볼 때

◎ 미안합니다. 저도 모릅니다.
Mi dispiace ma non lo so.
미 디스피아체 마 논 로 쏘.

◎ 관광객이라 저도 잘 모릅니다.
Non lo so, sono una turista.
논 로 쏘, 쏘노 우나 뚜리스따.

◎ 다른 사람에게 물어 보시죠.
Chiedete ad un'altra persona.
끼에데떼 아드 운 알뜨라 뻬르소나.

버스를 탈 때

◎ 버스 정류장은 어디인가요?
Dov'è la stazione degli autobus?
도베 라 스따찌오네 델리 아우또부스?

◎ 어떤 버스가 시내로 가나요?
Che numero devo prendere per
andare in centro?
께 누메로 데보 쁘렌데레 뻬르 안다레 첸뜨로?

◎ 버스 시간표를 주시겠어요?
Posso avere l'orario, per favore?
뽀쏘 아베레 로라리오, 뻬르 파보레?

◎ 이 버스 시내로 가나요?
Passa in centro?
빠싸 인 첸뜨로?

지하철을 탈 때

◎ 이 근처에 지하철역이 있나요?
C'è la stazione della metropolitana vicina?
체 라 스따찌오네 델라 메뜨로 뽈리따나 비치나?

◎ 몇 호선이 공항 가요?
Che linea devo prendere per andare all'aeroporto?
께 리네아 데보 쁘렌데레 뻬르 안다레 알아에로뽀르또?

◎ 자동 매표기는 어디 있나요?
Dove si compra il biglietto?
도베 시 꼼쁘라 일 빌리에또?

◎ 가장 가까운 지하철역까지 거리가 얼마나 되나요?
Quanto dista la stazione piu' vicina?
꾸안또 디스따 라 스따찌오네 삐우 비치나?

지하철을 탔을 때

◎ 바꿔타야 해요?
Devo cambiare metro?
데보 깜비아레 메뜨로?

◎ 어디에서 갈아타야 해요?
Dove devo cambiare?
도베 데보 깜비아레?

◎ 이거 시청에 가나요?
Passa dal municipio?
빠싸 달 무니치삐오?

◎ 다음이 채링 크로스 역인가요?
La prossima fermata è Charing Cross?
라 쁘로씨마 페르마따 에 챠링 크로스?

택시를 탈 때

◎ 택시 승강장은 어디인가요?
Dov'è il posteggio dei taxi?
도베 일 뽀스떼쬬 데이 딱씨?

◎ 어디에서 택시를 탈 수 있어요?
Dove posso prendere un taxi?
도베 뽀쏘 쁘렌데레 운 딱씨?

◎ 트렁크를 열어 주시겠어요?
Può aprire il bagagliaio?
뿌오 아쁘리레 일 바갈리아이오?

◎ 이 주소로 가 주세요
Mi porti a questo indirizzo, per favore.
미 뽀르띠 아 꿰스또 인디리쯔, 뻬르 파보레.

Unit 5 관광지에서 Turismo

관광지에서 쓰는 표현 Best 3

◎ 이 도시에서 가장
유명한 것은 무엇인가요?

**Quali sono le maggiori attratattive
in questa città?**
꾸알리 쏘노 레 마죠리 아뜨라따띠베 인 꿰스따 치따?

◎ 입장료는 얼마인가요?

Quanto costa il biglietto di ingresso?
또 꼬스따 일 빌리에또 디 잉그레쏘?

◎ 여기에서 사진을 찍어도 되나요?

Posso fare una foto qui?
뽀쏘 파레 우나 포토 뀌?

기본표현

여행	**turismo** 뚜리즈모	관광객	**turista** 뚜리스따
관광	**giro turistico** 지로 뚜리스띠꼬	시내 관광	**giro nel centro storico** 지로 넬 첸뜨로 스또리꼬
반나절	**mezza giornata** 메짜 죠르나따	하루	**tutto il giorno** 뚜또 일 죠르노
당일 여행	**gita giornaliera** 지따 죠르날리에라	추천하다	**consigliare** 꼰실리아레
관광 명소	**attrazione turistica** 아뜨라찌오네 뚜리스띠까	입장료	**biglietto d'ingresso** 빌리에또 딩그레쏘
전망대	**osservatorio** 오쎄르바또리오	계속되다	**durare** 두라레
기념품	**negozio di souvenir** 네고찌오 디 수베니르	기념품점	**negozi di articoli da regalo** 네고찌 디 아르띠꼴리 다 레갈로
줄	**fila** 필라	인상적인	**impressionante** 임쁘레씨오난떼

관광지에서 많이 쓰는 핵심표현

관광 안내소에서

○ 무료 지도가 있나요?
Ci sono le mappe gratis?
치 쏘노 레 마뻬 그라티스?

○ 관광 정보가 필요합니다.
Ho bisogno di informazioni turistiche.
오 비소뇨 디 인포르마찌오니 뚜리스띠께.

○ 런던 시내를 관광하고 싶은데요.
Vorrei visitare località turistiche di Londra.
보레이 비지따레 로깔리따 뚜리스띠께 디 론드라.

관광 정보를 수집할 때

○ 이 도시에서 가장 유명한 것은 무엇인가요?
Quali sono le maggiori attratattive in questa città?
꾸알리 쏘노 레 마죠리 아뜨라따띠베 인 꿰스따 치따?

○ 갈 만한 곳을 추천해 주시겠어요?
Mi potrebbe consigliare dove visitare?
미 뽀뜨렙베 꼰실리아레 도베 비지따레?

○ 이 도시의 관광 명소에는 어떤 것이 있나요?
Quali sono le maggiori attrattattive qui?
꾸알리 쏘노 레 마죠리 아뜨라따띠베 뀌?

입장료를 물을 때

○ 입장료는 얼마인가요?
Quanto costa il biglietto di ingresso?
꾸안또 꼬스따 일 빌리에또 디 잉그레쏘?

○ 한 사람당 얼마인가요?
Quanto costa a testa?
꾸안또 꼬스따 아 떼스따?

○ 어른 2장, 아이 1장 주세요.
Due adulti ed un bambino, per favore.
두에 아둘띠 에드 운 밤비노, 뻬르 파보레.

투어 프로그램을 이용할 때

◎ 관광 버스 투어가 있나요? **Ci sono delle escursioni in autobus?**
치 쏘노 델레 에스꾸르지오니?

◎ 시간이 얼마나 걸리나요? **Quanto tempo ci vuole?**
꾸안또 뗌뽀 치 부올레?

◎ 투어는 매일 있나요? **Ci sono i giri ogni giorno?**
치 쏘노 이 지리 온니 죠르노?

◎ 오전 투어가 있나요? **C'è escursione nella mattina?**
체 에스꾸르지오네 넬라 마띠나?

◎ 야간 관광은 있나요? **C'è escursione nella notte?**
체 에스꾸르지오네 넬라 노떼?

◎ 몇 시에 떠나요? **Quando parte?**
꾸안도 빠르떼?

◎ 어디에서 출발하나요? **Da dove parte?**
다 도베 빠르떼?

관광을 하면서

◎ 여기에 누가 살았었나요? **Chi abitava?**
끼 아비따바?

◎ 언제 지어진 건가요? **Quando è costruito?**
꾸안도 에 꼬스뜨루이또?

◎ 저 건물은 무엇인가요? **Che edificio è questo?**
께 에디피치오 에 꿰스또?

◎ 높이는 어느 정도인가요? **Quanto è alto?**
꾸안또 에 알또?

◎ 몇 년이나 된 건가요? **Quanti anni ha?**
꾸안띠 안니 아?

투어 버스 안에서

◎ 자유 시간은 있나요?
Avremo del tempo libero?
아브레모 델 뗌뽀 리베로?

◎ 여기에서 얼마나 있나요?
Per quanto tempo staremo qui?
뻬르 꾸안또 뗌뽀 스따레모 뀌?

◎ 몇 시에 돌아오나요?
Quando torna?
꾸안도 또르나?

◎ 시간은 어느 정도 있나요?
Quanto tempo ne abbiamo?
꾸안또 뗌뽀 네 아비아모?

촬영을 부탁할 때

◎ 사진을 찍어 주시겠어요?
Può farci una foto per favore?
뿌오 파르치 우나 포토, 뻬르 파보레?

◎ 여기서 제 사진 좀 찍어 주세요.
Per favore, mi faccia una foto.
뻬르 파보레, 미 파챠 우나 포토.

◎ 이 버튼을 누르세요.
Premere questo pulsante, per favore.
쁘레메레 꿰스또 뿔산떼, 뻬르 파보레.

◎ 한 장 더 부탁합니다.
Un altro, per favore.
운 알뜨로, 뻬르 파보레.

촬영을 허락받을 때

◎ 여기에서 사진을 찍어도 되나요?
Posso scattare delle foto qui?
뽀쏘 스까따레 델레 포토 뀌?

◎ 플래시를 써도 되나요?
Posso scattare foto con il flash?
뽀쏘 스까따레 포토 꼰 일 플래쉬?

◎ 비디오를 찍어도 되나요?
Posso fare il video?
뽀쏘 파레 일 비데오?

◎ 당신 사진을 찍어도 되나요?
Posso fare una foto di Lei?
뽀쏘 파레 우나 포토 디 레이?

식당에서 쓰는 표현 Best 3

◎ 주문하시겠습니까?　　　　**Volete ordinare?**
　　　　　　　　　　　　　볼레떼 오르디나레?

◎ 스테이크 2인분 주세요.　　**Due porzioni di bistecca, per favore.**
　　　　　　　　　　　　　두에 뽀르찌오니 디 비스떼까, 뻬르 파보레.

◎ 소금 좀 갖다 주시겠어요?　**Il sale, per favore.**
　　　　　　　　　　　　　일 살레, 뻬르 파보레.

기본단어

레스토랑	**ristorante** 리스또란떼	주문	**ordine** 오르디네
식사	**pasto** 빠스또	요리	**piatto** 삐아또
접시	**piatto** 삐아또	젓가락	**bastoncini** 바스똔치니
예약석	**riservato** 리제르바또	봉사료	**servizio** 세르비찌오
소금	**sale** 쌀레	설탕	**zucchero** 주께로
후추가루	**pepe** 뻬뻬	식초	**aceto** 아체또
매운	**piccante** 삐깐떼	싱거운	**leggero** 렛쩨로
짠	**salato** 살라또	달콤한	**dolce** 돌체

식당에서 많이 쓰는 핵심표현

식당을 찾을 때

◎ 식당을 찾고 있는데요.
Sto cercando un ristorante.
스또 체르깐도 운 리스또란떼.

◎ 가장 가까운 식당은 어디인가요?
C'è un ristorante qui vicino?
체 운 리스또란떼 뀌 비치노?

◎ 이 시간에 문을 연 식당이 있나요?
C'è un ristorante aperto a quest'ora?
체 운 리스토란떼 아뻬르또 아 꿰스또라?

◎ 가벼운 식사를 하고 싶은데요.
Vorrei prendere qualcosa di leggero.
보레이 쁘렌데레 꾸알꼬사 디 렛제로.

◎ 근처에 한국 식당이 있나요?
C'è un ristorante coreano vicino?
체 운 리스또란떼 꼬레아노 비치노?

식당을 예약할 때

◎ 예약이 필요한가요?
Si deve prenotare?
씨 데베 쁘레노따레?

◎ 오늘 밤 7시에 세 사람 자리를 예약하고 싶습니다.
Vorrei fare una prenotazione per sta sera, per le sette, per tre persone.
보레이 파레 우나 쁘레노따찌오네 뻬르 스따 쎄라, 뻬를레 쎄떼, 뻬르 뜨레 뻬르쏘네.

◎ 복장 규제가 있나요?
C'è abbigliamento richiesto?
체 아빌리아멘또 리끼에스또?

◎ 일행이 몇 분인가요?
Per quante persone vorrebbe riservare il tavolo?
뻬르 꾸안떼 뻬르쏘네 보렙베 리제르바레 일 따볼로?

◎ 금연석으로 부탁합니다.
Non-fumatori, per favore.
논 푸마또리, 뻬르 파보레.

◎ 예약을 취소하고 싶습니다.
Vorrei cancellare la mia prenotazione.
보레이 깐첼라레 라 미아 쁘레노따찌오네.

주문할 때

○ 주문하시겠어요?
Volete ordinare?
볼레떼 오르디나레?

○ 이제 주문하겠어요.
Vogliamo ordinare.
볼리아모 오르디나레.

○ 스테이크 2인분 주세요.
Due porzioni di bistecca, per favore.
두에 뽀르찌오니 디 비스떼까, 뻬르 파보레.

○ 스테이크는 어떻게 해 드릴까요?
Come preferisce la bistecca?
꼬메 프레페리셰 라 비스떼까?

○ 잘 익혀 주세요.
Preferisco la bistecca ben cotta.
쁘레페리스코 라 비스떼까 벤 꼬따.

○ 어떤 음식을 추천해 주실 건가요?
Cosa consiglia?
꼬사 꼰실리아?

○ 점심 특선은 무엇인가요?
C'è la specialità del pranzo?
체 라 스뻬찰리따 델 쁘란쪼?

○ 음료는 무엇으로 하시겠습니까?
Da bere?
다 베레?

○ 아니, 됐어요. 그냥 물만 주세요.
No, solo acqua, per favore.
노, 쏠라 아꾸아, 뻬르 파보레.

○ 디저트는 뭐가 있어요?
Cosa avete per i dolci?
꼬사 아베떼 뻬르 이 돌치?

계산할 때

○ 계산서 주세요.
Il conto, per favore.
일 꼰또, 뻬르 파보레.

○ 제가 살게요
Pago io.
빠고 이오.

○ 신용카드로 해도 되나요?
Accetta la carta di credito?
아체따 라 까르따 디 끄레디또?

○ 물론입니다. 여기에 서명해 주세요.
Certo, la firma per favore.
체르또, 라 피르마 뻬르 파보레.

패스트 푸드점에서 주문할 때

◎ 햄버거와 콜라 주세요. **Un hamburger e una coca, per favore.**
운 암부르게르 에 우나 꼬까 뻬르 파보레.

◎ 여기서 드시나요?
아니면 포장해 드릴까요?
Da prendere qui o da por tare via?
다 쁘렌데리 뀌 오 다 뽀르따레 비아?

◎ 포장해 주세요.
Da portare via, per favore.
다 뽀르따레 비아 뻬르 파보레.

◎ 어떤 사이즈로 하시겠습니까?
Quale porzione vuole?
꾸알레 뽀르찌오네 부올레?

◎ 중간 사이즈로 주세요.
Il medium, per favore.
일 메디움 뻬르 파보레.

◎ 리필해 주세요.
Può ricaricare, per favore?
뿌오 리까리까레, 뻬르 파보레?

주문 요리에 문제가 있을 때

◎ 주문한 게 아직 안 나왔는데요. **Non è arrivato il mio piatto.**
논 에 아리바또 일 미오 삐아또.

◎ 얼마나 기다려야 하나요?
Quanto tempo dovrei aspettare?
꾸안또 뗌뽀 도브레이 아스뻬따레?

◎ 커피 두 잔 주문했는데요.
Ho ordinato due caffè.
오 오르디나또 두에 까페.

◎ 주문을 확인해 주시겠어요?
Potrebbe confermare il mio ordine?
뽀뜨렙베 꼰페르마레 일 미오 오르디네?

◎ 다른 요리가 나왔어요.
Non ho ordinato questo piatto.
논 오 오르디나또 꿰스또 삐아또.

◎ 이것은 제가 주문한 게 아니예요.
Qusto non è quello che ho ordinaro.
꿰스또 논 에 꿸로 께 오 오르디나또.

◎ 차가 식었어요.
Questo te è freddo.
꾸에스또 떼 에 프렛도

◎ 이 요리를 데워 주세요.
Può riscaldare questo piatto, per favore?
뿌오 리스깔다레 꿰스또 삐아또, 뻬르 파보레?

상점에서 In negozio

상점에서 쓰는 표현 Best 3

◎ 어서 오세요.

Posso aiutarLa?
뽀쏘 아유따를라?

◎ 그냥 좀 둘러보고 있어요.

Sto solo dando un'occhiata.
스또 솔로 단도 운오끼아따.

◎ 다른 것을 보여 주세요.

Nient'altro?
니엔떼알뜨로?

기본단어

선물 가게	**negozi di articoli da regalo** 네고찌 디 아르띠꼴리 다 레갈로	보석 가게	**gioielleria** 죠이엘레리아
할인 가게	**outlet** 아웃렛	편의점	**minimarket** 미니마켓
종이 봉지	**sacchetto di carta** 싸께또 디 까르따	비닐 봉지	**sacchetto di plastica** 싸께또 디 플라스띠까
계산원	**cassiere** 까씨에레	점원	**commesso** 꼼메쏘
면	**cotone** 꼬또네	가죽	**pelle** 뻴레
헐렁한	**largo** 라르고	목걸이	**collana** 꼴라나
귀걸이	**orecchini** 오레끼니	반지	**anello** 아넬로
팔찌	**bracciale** 브라찰레	브로치	**spilla** 스삘라

상점에서 많이 쓰는 핵심표현

쇼핑센터를 찾을 때

◎ 쇼핑센터는 어느 방향인가요?
Qual'è la direzione per il centro commerciale?
꾸알레 라 디레찌오네 뻬르 일 첸뜨로 꼼메르찰레?

◎ 쇼핑몰은 어디인가요?
Dov'è il centro commerciale?
도베 일 첸뜨로 꼼메르찰레?

◎ 쇼핑가는 어디에 있나요?
Dov'è il distretto dello shopping?
도베 일 디스뜨레또 델로 쇼핑?

가게를 찾을 때

◎ 편의점을 찾고 있는데요.
Sto cercando un minimarket.
스토 체르깐도 운 미니마켓.

◎ 이 주변에 할인 가게가 있나요?
C'è un negozio discount vicino qui?
체 운 네고찌오 디스카운트 비치노 뀌?

◎ 운동화는 어디서 사나요?
Dov'è un negozio di scarpe da ginnastica?
도베 운 네고찌오 디 스까르페 다 진나스띠까?

가게에 들어섰을 때

◎ 어서 오세요.
Posso aiutarLa?
뽀쏘 아유따를라?

◎ 좀 둘러봐도 되나요?
Potrei vedere un po'?
뽀뜨레이 베데레 운 뽀?

◎ 그냥 좀 둘러보고 있어요.
Sto solo dando un'occhiata.
스또 솔로 단도 운오끼아따.

사고 싶은 물건을 찾을 때

스카프가 있나요?
Avete delle sciarpe?
아베떼 델레 샤르뻬?

선글라스를 찾고 있어요.
Sto cercando gli occhiali da sole.
스또 체르깐도 리 오끼알리 다 솔레.

가장 인기 있는 건 무엇인가요?
Qual è il più famoso?
꾸알 에 일 삐우 파모조?

기념품으로 좋은 게 있나요?
Qualcosa per i souvenir?
꾸알꼬사 뻬르 이 수베니르?

물건을 보고 싶을 때

그걸 봐도 될까요?
Posso vedere quello un po'?
뽀쏘 베데레 꿸로 운 뽀?

저것 좀 보여 주세요.
Mi faccia vedere quello un po'?
미 파챠 베데레 꿸로 운 뽀?

이거 입어봐도 되나요?
Posso provarlo?
뽀쏘 쁘로바를로?

좀 더 작은 것이 있나요?
C'è una taglia più piccola.
체 우나 딸리아 삐우 삐꼴라?

다른 물건을 찾을 때

다른 것은 없어요?
Non ci sono degli altri?
논 치 쏘노 델리 알뜨리?

다른 것을 보여 주세요.
Ci sono degli altri?
치 쏘노 델리 알뜨리?

좀 더 큰 것을 보여주시겠어요?
Posso vedere una più grande?
뽀쏘 베데레 우나 삐우 그란데?

이 제품으로 다른 치수는 없어요?
Non c'è un'altra misura?
논 체 운알뜨라 미수라?

물건을 사지 않고 나올 때

◎ 좀 더 둘러보고 올게요.
Ritornerò dopo un giro.
리또르네로 도뽀 운 지로.

◎ 다음에 다시 올게요.
Ritornerò dopo.
리또르네로 도뽀.

◎ 제가 찾던 것이 아니에요.
Questo non è quello che sto cercando.
꿰스또 논 에 꿸로 께 스또 체르깐도.

◎ 미안합니다만 마음에 들지 않아요.
Mi dispiace, non mi piace questo.
미 디스피아체, 논 미 피아체 꿰스또.

품질에 대해 물을 때

◎ 이것은 수제품인가요?
È fatto a mano?
에 파또 아 마노?

◎ 품질은 좋은가요?
È di buona qualità?
에 디 부오나 꽐리따?

◎ 품질이 나쁘네요.
Non mi piace la qualità.
논 미 피아체 라 꽐리따.

◎ 재질은 무엇인가요?
Di cos'è fatto?
디 꼬제에 파또?

가격을 물을 때

◎ 얼마예요?
Quanto costa?
꾸안또 꼬스따?

◎ 그거 얼마예요?
Quanto costa quella?
꾸안또 꼬스따 꿸라?

◎ 몇 퍼센트 할인해요?
È scontato quanto?
에 스꼰따또 꾸안또?

◎ 세일은 언제부터 하나요?
Quando iniziano i saldi?
꾸안도 이니찌아노 이 살디?

공공기관에서 쓰는 표현 Best 3

◎ 배가 아파요.
Mi fa male allo stomaco.
미 파 말레 알로 스또마꼬.

◎ 여기에서 환전할 수 있나요?
Posso cambiare le valute qui?
뽀쏘 깜비아레 레 발루떼 뀌?

◎ 보통 우편으로 보내 주세요.
Posta normale, per favore.
뽀스따 노르말레, 뻬르 파보레.

기본단어

소포	**pacchetto** 빠께또	우표	**francobollo** 프랑코볼로
우체통	**cassetta della posta** 까쎄따 델라 뽀스따	우편 요금	**affrancatura** 아프랑까뚜라
보통 우편	**posta normale** 뽀스따 노르말레	지폐	**banconota** 방코노따
동전	**moneta** 모네따	신용카드	**carta di credito** 까르따 디 끄레디또
신분증	**carta d'identità** 까르따 디덴띠따	환율	**tasso di cambio** 따쏘 디 깜비오
수수료	**commissione** 꼼미씨오네	현금 자동 지급기	**bancomat** 방꼬맛
입금하다	**deposito** 데뽀지또	출금하다	**ritiro** 리띠로
서명	**firma** 피르마	잔고	**saldo** 살도

공공기관에서 많이 쓰는 핵심표현

우체국을 찾을 때

◎ 우체국은 어디에 있나요?　　　　**Dov'è l'ufficio postale?**
　　　　　　　　　　　　　　　도베 루피치오 뽀스딸레?

◎ 우표는 어디서 사나요?　　　　**Dove si vendono i francobolli?**
　　　　　　　　　　　　　도베 씨 벤도노 이 프랑꼬볼리?

◎ 우체통은 어디에 있나요?　　　　**Dov'è la buca delle lettere?**
　　　　　　　　　　　　　도베 라 부까 델레 레떼레?

편지를 보낼 때

◎ 우표를 사고 싶은데요.　　　　**Vorrei comprare dei francobolli.**
　　　　　　　　　　　　　보레이 꼼프라레 데이 프랑코볼리.

◎ 이거 우편요금이 얼마예요?　　　**Quant'è affrancatura?**
　　　　　　　　　　　　　꾸안떼 아프랑까뚜라?

◎ 보통 우편으로 보내 주세요.　　　**Vorrei spedire questa lettera via posta ordinaria.**
　　　　　　　　　　　　　보레이 스뻬디레 꿰스따 레떼라 비아 뽀스따 오르디나리아.

소포를 보낼 때

◎ 이 소포를 한국에 보내고 싶어요.　**Vorrei spedire questo pacchetto in Corea.**
　　　　　　　　　　　　　보레이 스페디레 꿰스또 파께또 인 꼬레아.

◎ 이것을 보내는 데 얼마예요?　　　**Quanto costa spedire questo?**
　　　　　　　　　　　　　꾸안또 꼬스따 스뻬디레 꿰스또?

◎ 소포용 박스가 있어요?　　　　**Vendete anche scatole?**
　　　　　　　　　　　　　벤데떼 앙께 스까똘레?

은행에서

● 통장을 만들고 싶어요.
Vorrei aprire un conto bancario.
보레이 아쁘리레 운 꼰또 방까리오.

● 현금 카드를 만들어 주세요.
Mi può fare una carta di debito, per favore?
미 뿌오 파레 우나 까르따 디 데비또, 뻬르 파보레?

● 입금하려고요.
Vorrei fare un deposito.
보레이 파레 운 데뽀지또.

● 계좌 이체를 하고 싶습니다.
Vorrei fare un bonifico.
보레이 파레 운 보니피꼬.

● 백 달러를 찾고 싶어요.
Vorrei ritirare cento dollari.
보레이 리띠라레 첸또 돌라리.

환전할 때

● 여기에서 환전할 수 있나요?
Posso cambiare le valute qui?
뽀쏘 깜비아레 레 발루떼 뀌?

● 어디에서 환전하나요?
Dov'è si può cambiare le valute?
도베 씨 뿌오 깜비아레 레 발루떼?

● 원화를 미국 달러로 바꾸고 싶어요.
Vorrei cambiare le mie valute coreane in dollari, per favore.
보레이 깜비아레 레 미에 발루떼 꼬레아네 인 돌라리, 뻬르 파보레.

● 오늘 환율은 어떻게 되죠?
Qual'è il tasso di cambio oggi?
꾸알레 일 따쏘 디 깜비오 옷찌?

카드에 문제가 있을 때

● 카드를 분실했어요.
Ho perso la mia carta.
오 뻬르소 라 미아 까르따.

● 카드를 정지해 주시겠어요?
Può fermare la mia carta?
뿌오 페르마레 라 미아 까르따?

● 현금 자동 인출기에서 카드가 안 빠져요.
Non posso ritirare la carta dal bancomat.
논 뽀쏘 리띠라레 라 까르따 달 방꼬맛.

도서관에서

◎ 무엇을 도와 드릴까요?
Posso aiutarLa?
뽀쏘 아유따를라?

◎ 모비 딕을 찾고 있어요.
Sto cercando Moby Dick.
스또 체르깐도 모비 딕.

◎ 이 책이 있는지 확인해 주세요.
Può trovare questo libro, per favore?
뿌오 뜨로바레 꿰스또 리브로, 뻬르 파보레?

◎ 책을 빌리려면 회원 카드가 필요해요?
Dovrei avere la tessera per il prestito?
도브레이 아베레 라 떼쎄라 뻬르 일 쁘레스띠또?

◎ 도서관 회원 카드가 없어요.
Non ho la tessera.
논 오 라 떼쎄라.

병원에서

◎ 진찰을 받고 싶어요.
Vorrei vedere un dottore.
보레이 베데레 운 도또레.

◎ 배가 아파요.
Mi fa male allo stomaco.
미 파 말레 알로 스또마꼬.

◎ 어디가 아프세요?
Come fa male?
꼬메 파 말레?

◎ 언제쯤 결과를 알 수 있어요?
Quando viene il risultato?
꾸안도 비에네 일 리줄따또?

◎ 입원해야 해요?
Dovrei stare in ospedale?
도브레이 스따레 인 오스뻬달레?

미용실에서

◎ 파마를 하고 싶어요.
Vorrei fare la permanente.
보레이 파레 라 뻬르마넨떼.

◎ 다듬기만 해 주세요.
Solo una spuntatina, per favore.
쏠로 우나 스뿐따띠나, 뻬르 파보레.

◎ 헤어스타일을 바꾸고 싶어요.
Vorrei cambiare tipo di pettinatura.
보레이 깜비아레 띠뽀 디 뻬띠나뚜라.

문제가 생겼을 때 I problemi

문제가 생겼을 때 쓰는 표현 Best 3

◎ 좀 더 천천히 말씀해 주세요.
Può parlare più lentamente, per favore?
뿌오 빠를라레 삐우 렌따멘떼, 뻬르 파보레?

◎ 긴급 상황입니다.
E' un'emergenza.
에 운 에메르젠짜.

◎ 구급차를 불러 주세요.
Chaimate un'ambulanza!
끼아마떼 운암불란짜!

기본단어

응급 상황	**emergenza** 에메르젠짜	화장실	**bagno** 반뇨
병원	**oispedale** 오스뻬달레	약국	**farmacia** 파르마치아
경찰서	**stazione di polizia** 스따찌오네 디 뽈리찌아	통역사	**interprete** 인떼르쁘레떼
소매치기	**borseggiatore** 보르세쟈또레	도둑	**ladro** 라드로
두통	**mal di testa** 말 디 떼스따	치통	**mal di denti** 말 디 덴띠
복통	**mal di stomaco** 말 디 스또마꼬	고통	**dolore** 돌로레
데다	**bruciare** 브루챠레	삐다	**storta** 스또르따
부러지다	**rompere** 롬뻬레	처방전	**prescrizione** 쁘레스끄리찌오네

문제가 생겼을 때 많이 쓰는 핵심표현

의사소통이 되지 않을 때

◎ 영어를 할 줄 몰라요.　　　　　**Non parlo inglese.**
논 빠를로 잉글레제.

◎ 영어를 잘 못해요.　　　　　**Non parlo bene inglese.**
논 빠를로 베네 잉글레제.

◎ 영어로 설명할 수 없어요.　　　**Non posso spiegare in inglese.**
논 뽀쏘 스삐에가레 인 잉글레제.

◎ 좀 더 천천히 말씀해 주세요.　　**Può parlare più lentamente, per favore?**
뿌오 빠를라레 삐우 렌따멘떼, 뻬르 파보레?

통역을 부탁할 때

◎ 한국어 하는 사람 있나요?　　　**C'è qualcuno chi parla coreano?**
체 꾸알꾸노 끼 빠를라 꼬레아노?

◎ 한국인 통역사를 불러 주세요.　**Per favore, chiamate un interprete coreano.**
뻬르 파보레, 끼아마떼 운 인떼르쁘레떼 꼬레아노.

◎ 한국인 통역사를 불러주시겠어요?　**Mi può chiamare un interprete coreano?**
미 뿌오 끼아마레 운 인떼르쁘레떼 꼬레아노?

곤경에 처했을 때

◎ 어떻게 하면 좋죠?　　　　　**Cosa devo fare?**
꼬사 데보 파레?

◎ 심각한 문제가 생겼어요.　　　**C'è problema.**
체 쁘로블레마.

◎ 지금 곤경에 처했어요.　　　　**Ho un grande problema.**
오 운 그란데 쁘로블레마.

◎ 유실물 센터는 어디인가요?　**Ho perso il mio passaporto.**
호 뻬르소 일 미오 빠싸뽀르또.

◎ 아무리 찾아도 없어요.　**Non sono riuscita a trovarlo.**
논 쏘노 리우쉬따 아 뜨로바를로.

◎ 어디서 잃어버렸는지 모르겠어요.　**Non so dove l'ho perso.**
논 쏘 도베 로 뻬르소.

◎ 무엇을 잃어 버렸나요?　**Cosa ha perso?**
꼬사 아 뻬르소?

상황이 위급할 때

◎ 도와 주세요!　**Mi aiuti per favore!**
미 아유띠 뻬르 파보레!

◎ 누구 없어요?　**Non c'è nessuno?**
논 체 네쑤노?

◎ 경찰을 불러 주세요.　**Chiamate la polizia, per favore!**
끼아마떼 라 뽈리찌아, 뻬르 파보레!

◎ 알았으니 해치지 마세요.　**Ho capito, non mi faccia male.**
오 까삐또. 논 미 파챠 말레.

경찰서에서

◎ 도난 신고를 하고 싶어요.　**Vorrei denunciare un furto.**
보레이 데눈챠레 운 푸르또.

◎ 제 여권을 도난당했어요.　**E' stato rubato il mio passaporto.**
에 스따또 루바또 일 미오 빠싸뽀르또.

◎ 지금 한국 대사관으로 연락해 주세요.　**Per favore, chiamate l'ambasciata della Corea subito.**
뻬르 파보레, 끼아마떼 람바샤따 델라 꼬레아 수비또.

◎ 찾으면 한국으로 보내 주세요.　**Se lo trova, me lo mandi in Corea, per favore.**
쎄 로 뜨로바. 메 로 만디 인 꼬레아, 뻬르 파보레.

사고를 당했을 때

◎ 의사를 불러 주세요.
Chiamate un dottore, per favore.
끼아마떼 운 도또레, 뻬르 파보레.

◎ 진료를 받고 싶은데요.
Ho bisogno di un dottore, per favore.
오 비소뇨 디 운 도또레, 뻬르 파보레.

◎ 제 친구가 교통 사고를 당했어요.
Mio amico si è ferito in un incidente d'auto.
미오 아미꼬 시 에 페리또 인 운 인치덴떼 다우또.

◎ 친구가 차에 치었어요.
Mio amico è stato urtato da una macchina.
미오 아미꼬 에 스따또 우르따또 다 우나 마끼나.

◎ 그를 병원으로 데려가 주시겠어요?
Può portarlo in ospedale?
뿌오 뽀르따를로 인 오스뻬달레?

몸이 좋지 않을 때

◎ 몸이 아파요.
Mi sento male.
미 센또 말레.

◎ 멀미가 나요.
Ho mal d'auto.
오 말 다우또.

◎ 몸이 좋지 않아요.
Non mi sento bene.
논 미 센또 베네.

◎ 몸 상태가 이상해요.
Mi sento strano.
미 센또 스뜨라노.

약국에서

◎ 처방전이 있어요?
Ha la prescrizione?
아 라 쁘레스끄리찌오네?

◎ 이 처방전 약을 주세요.
Vorrei comprare i farmaci con questa ricetta.
보레이 꼼쁘라레 이 파르마치 꼰 꿰스따 리쳇따.

◎ 이 약의 복용법을 알려 주세요.
Come prendere questa medicina?
꼬메 쁘렌데레 꿰스따 메디치나?

◎ 부작용이 있나요?
Ci sarà effetto collaterale?
치 사라 에페또 꼴라떼랄레?

091

귀국할 때 쓰는 표현 Best 3

◎ 인천행을 예약하고 싶어요. **Vorrei prenotare un volo per Incheon, per favore.**
보레이 쁘레노따레 운 볼로 뻬르 인천, 뻬르 파보레.

◎ 예약을 확인하고 싶어요. **Vorrei riconfermare la mia prenotazione.**
보레이 리꼰페르마레 라 미아 쁘레노따찌오네.

◎ 예약을 변경하고 싶어요. **Vorrei cambiare la mia prenotazione.**
보레이 깜비아레 라 미아 쁘레노따찌오네.

기본단어

예약하다	**riservare** 리제르바레	탑승객	**passeggero** 빠쎄제로
확인하다	**confermare** 꼰페르마레	재확인하다	**riconfermare** 리꼰페르마레
취소하다	**cancellare** 깐첼라레	대한항공 카운터	**sportello di Korean Air** 스뽀르뗄로 디 코리언 에어
면세점	**negozio duty free** 네고찌오 듀티 프리	면세	**esentasse** 에덴따쎄
탑승권	**carta d'imbarco** 까르따 딤바르꼬	수하물	**bagaglio** 바갈리오
기내 휴대용 가방	**bagaglio a mano** 바갈리오 아 마노	수하물을 부치다	**spedire** 스뻬디레
입국 신고서	**carta di sbarco** 까르따 디 스바르꼬	신고하다	**dichiarare** 디끼아라레
세관 신고서	**dichiarazione doganale** 디끼아라찌오네 도가날레	무게 제한	**peso massimo** 빼소 마씨모

귀국할 때 많이 쓰는 핵심표현

귀국 편을 예약할 때

◎ 인천행을 예약하고 싶어요. **Vorrei prenotare il volo per Incheon.**
보레이 쁘레노따레 일 볼로 뻬르 인천.

◎ 7월 16일 인천행 항공편이 있나요? **Avete il volo per Incheon il sedici di Luglio?**
아베떼 일 볼로 뻬르 인천 일 쎄디치 디 룰리오?

◎ 대기자 명단에 올려 주세요. **Per favore, mettermi sulla lista d'attesa.**
르 파보레, 메떼르미 술라 리스따 다떼사.

예약을 확인할 때

◎ 예약을 확인하고 싶어요. **Vorrei confermare la mia prenotazione.**
보레이 꼰페르마레 라 미아 쁘레노따찌오네.

◎ 한국에서 예약했어요. **Ho prenotato il mio volo in Corea.**
오 쁘레노따또 일 미오 볼로 인 꼬레아.

◎ 예약이 확인됐습니다. **La Sua prenotazione é confermata.**
라 수아 쁘레노따찌오네 에 꼰페르마따.

예약을 변경할 때

◎ 예약을 변경하고 싶어요. **Vorrei cambiare la mia prenotazione.**
보레이 깜비아레 라 미아 쁘레노따찌오네.

◎ 금연석으로 바꿀 수 있나요? **Potrebbe cambiare per non-fumatori?**
뽀뜨렙베 깜비아레 뻬르 논 푸마또리?

◎ 7월 1일로 바꿔 주세요. **Il primo di Luglio, per favore.**
일 쁘리모 디 룰리오 뻬르 파보레.

예약을 취소할 때

◎ 예약을 취소해 주세요. **Per favore, cancellate la mia prenotazione.**
베르 파보레, 깐첼라떼 라 미아 쁘레노따찌오네.

◎ 예약을 취소하고 싶어요. **Vorrei cancellare la mia prenotazione.**
보레이 깐첼라레 라 미아 쁘레노따찌오네.

◎ 예약을 취소할 수 있나요? **Potrei cancellare la mia prenotazione?**
뽀뜨레이 깐첼라레 라 미아 쁘레노따찌오네?

◎ 죄송하지만 예약을 취소해야겠습니다. **Mi scusi, dovrei cancellare la mia prenotazione.**
미 스꾸지, 도브레이 깐첼라레 라 미아 쁘레노따찌오네.

공항으로 갈 때

◎ 히스로 공항으로 가 주세요. **Aeroporto Heathrow, per favore.**
아에로뽀르또 히드로우, 베르 파보레.

◎ 빨리 가 주세요. 늦었어요. **Presto, per favore. Sono di fretta.**
쁘레스또 베르 파보레. 소노 디 프렛따.

◎ 공항까지 얼마나 걸릴까요? **Quanto tempo ci vuole per arrivare all'aeroporto?**
꾸안또 뗌뽀 치 부올레 베르 아리바레 알아에로뽀르또?

◎ 공항까지 택시 요금이 얼마인가요? **Quanto costa per aeroporto?**
꾸안또 꼬스따 베르 아에로뽀르또?

탑승 수속을 할 때

◎ 탑승 수속은 어디서 하나요? **Dove posso fare il check-in?**
도베 뽀쏘 파레 일 체크인?

◎ 짐을 여기에 놓아도 되나요? **Posso mettere il mio bagaglio qui?**
뽀쏘 메떼레 일 미오 바갈리오 뀌?

◎ 창가쪽으로 주세요. **Posto al finestrino, per favore.**
뽀르또 알 피네스트리노 베르 파보레.

◎ 친구와 같은 좌석으로 주세요. **Vorrei sedermi accanto al mio amico.**
보레이 쎄데르미 아깐또 알 미오 아미꼬.

수하물을 접수할 때

◎ 맡길 짐이 있나요?　**Ci sono dei bagagli da consegnare?**
치 쏘노 데이 바갈리 다 꼰세냐레?

◎ 가방을 맡길게요.　**Vorrei consegnare questo bagaglio.**
보레이 꼰세냐레 꿰스또 바갈리오.

◎ 이것은 기내에 가지고 들어가도 되나요?　**Posso portare questo a bordo?**
뽀쏘 뽀르따레 꿰스또 아 보르도?

◎ 무게 제한이 얼마인가요?　**Quant'è il peso massimo?**
꾸안떼 일 뻬소 마씨모?

공항 면세점에서

◎ 면세점은 어디 있나요?　**Dov'è il negozio duty free?**
도베 일 네고찌오 듀티 프리?

◎ 한국 돈 받으시나요?　**Si accettano i contanti coreani?**
씨 아체따노 이 꼰딴띠 꼬레아니?

◎ 미국 달러만 받습니다.　**Accettiamo solo i dollari americani.**
아체띠아모 쏠로 이 돌라리 아메리까니.

◎ 한국에 가지고 들어갈 수 있나요?　**Posso portare questo in Corea?**
뽀쏘 뽀르따레 꿰스또 인 꼬레아?

귀국 편 기내에서

◎ 식사는 언제 나와요?　**Quando serve il pasto?**
꾸안도 세르베 일 빠스또?

◎ 기내 면세품을 사고 싶어요.　**Vorrei acquistare qualcosa al duty free.**
보레이 아뀌스따레 꾸알꼬사 알 듀티 프리.

◎ 입국 카드 작성법을 알려 주세요.　**Può farmi vedere come compilare la carta di sbarco?**
뿌오 파르미 베데레 꼬메 꼼삘라레 라 까르따 디 스바르꼬?

◎ 인천에 제 시간에 도착하나요?　**Arriveremo ad Incheon in tempo?**
아리베레모 아드 인천 인 뗌뽀?

ENGLISH

ITALIAN

FRENCH

SPANISH

GERMAN

FRENCH

기내에서 Dans l'avion

기내에서 쓰는 표현 Best 3

◎ 제 좌석은 어디죠? **Où est ma place?**
우 에 마 쁠라쓰?

◎ 닭고기 주세요. **Du poulet, s'il vous plaît.**
뒤 뿔레 씰 부 쁠래.

◎ 담요 한장 주시겠어요? **Donnez-moi une couverture, s'il vous plaît?**
도네 무아 윈 꾸베르뛰르 씰 부 쁠래?

기본단어

여권	passeport 빠스뽀르	탑승권	billet d'avion 비예 다비옹
비자	visa 비자	1등석	première classe 프르미에르 끌라스
비즈니스석	classe affaires 끌라스 아페르	일반석	classe économique 끌라스 에꼬노미끄
기장	commandant de bord 꼬망당 드 보르	창가 쪽 좌석	siège côté fenêtre 씨에쥬 꼬떼 프네트르
통로 쪽 좌석	siège côté couloir 씨에쥬 꼬떼 꿀루와	식사 테이블	tablette d'avion 따블렛 다비옹
기내 화장실	toilettes 뚜알렛	비어있음	disponible 디스뽀니블
사용 중	occupé 오뀌뻬	입국카드	carte de débarquement 꺅뜨 데바끄망
담요	couverture 꾸베르뛰르	헤드폰	casque 꺄스끄

기내에서 많이 쓰는 핵심표현

자리를 찾을 때

◎ 제 좌석은 어디죠?　　**Où est ma place?**
우 에 마 쁠라쓰?

◎ 33A는 어디예요?　　**Où se trouve 33A?**
우 쓰 트루브 트랑트와 아?

◎ 제 자리 찾는 것을
　도와주시겠어요?　　**Pourriez-vous m'aider à trouver ma place?**
뿌리에 – 부 매데 아 트루베 마 쁠라쓰?

자리를 바꾸고 싶을 때

◎ 친구랑 제 좌석이 떨어져 있어요.　　**La place de mon copain se trouve loin de la mienne.**
라 쁠라쓰 드 몽 꼬빵 쓰 트루브 루앙 드 라 미엔.

◎ 좌석을 바꿀 수 있을까요?　　**Pourrions-nous changer de place?**
뿌리옹 – 누 샹줴 드 쁠라쓰?

◎ 제 자리와 바꿀 수 있을까요?　　**Voulez-vous changer de place avec moi?**
불레 – 부 샹줴 드 쁠라쓰 아베끄 무아?

좌석이 불편할 때

◎ 좌석을 뒤로 눕혀도 될까요?　　**Est-ce que je peux incliner le siège vers l'arrière?**
에 – 스 끄 쥬 쁘 앵끌리네 르 씨에쥬 베르 라리에르?

◎ 좌석을 차지 말아 주세요　　**Arrêtez de donner des coups de pied, s'il vous plaît .**
아레떼 드 도네 데 꾸 드 삐에 씰 부 쁠래.

◎ 좌석을 앞으로 좀 당겨 주시겠어요?　　**Tirez le siège vers l'avant s'il vous plait?**
띠레 르 씨에쥬 베르 라방 씰 부 쁠래?

식사를 주문할 때

◎ 닭고기 주세요.
Du poulet, s'il vous plaît.
뒤 뿔레 씰 부 쁠래.

◎ 소고기 주세요.
Je prend du bœuf.
쥬 프랑 뒤 뵈프.

◎ 고추장 있어요?
Est-ce que vous avez la pâte de piment rouge coréenne?
에 – 스 끄 부 자베 라 빠뜨 드 삐망 루즈 꼬렌?

◎ 이것으로 부탁합니다.
Je prend celui-ci.
주 프랑 쓸뤼–씨.

음료를 주문할 때

◎ 오렌지 주스 있어요?
Vous avez le jus d'orange?
부 자베 르 쥐 도랑쥬?

◎ 커피 좀 주세요.
Du café, s'il vous plaît.
뒤 꺄페 씰 부 쁠래

◎ 시원하게 마실 것을 주시겠어요?
Est-ce que je peux avoir quelque chose de frais à boire?
에 –스 끄 쥬 쁘 아부아 껠끄 쇼즈 드 프레 아 부아?

◎ 물 한잔 주세요.
Un verre d'eau, s'il vous plaît.
앵 베르 도 씰 부 쁠래.

화장실에 가고 싶을 때

◎ 실례지만, 화장실이 어디 있어요?
Excusez-moi, où sont les toilettes?
엑스뀌제–무아, 우 쏭 레 뚜알렛?

◎ 지금 화장실에 가도 될까요?
Est-ce que je peux aller aux toilettes maintenant?
에 –스 끄 쥬 쁘 알레 오 뚜알렛 맹뜨낭?

◎ 화장실에 휴지가 없어요.
Il n'y a pas de papier hygiénique dans les toilettes.
일 니야 빠 드 빠삐에 이지에니끄 당 레 뚜알렛.

◎ 화장실이 어디에요?
Où est-ce que je peux laver les mains?
우 에–스 끄 쥬 쁘 라베 레 맹?

필요한 물건을 달라고 할 때

◎ 담요 한장 주시겠어요? **Est-ce que je peux avoir une couverture?**
에 -스 끄 쥬 쁘 아부아 윈 꾸베르뛰르?

◎ 읽을 것 좀 주시겠어요? **Est-ce que je peux avoir quelque chose à lire?**
에 -스 끄 쥬 쁘 아부아 껠끄 쇼즈 아 리르?

◎ 수면용 안대를 갖다 주실 수 있나요? **Est-ce que je peux avoir un masque de sommeil?**
에 -스 끄 쥬 쁘 아부아 앵 마스끄 드 쏘메이?

◎ 한국어 신문이 있나요? **Avez-vous des journaux en coréen?**
아베 - 부 데 주르노 앙 꼬레앙?

도착에 관해서 물을 때

◎ 예정대로 도착하나요? **L'avion arrive à l'heure?**
라비옹 아리브 아 뢰르?

◎ 런던은 몇 시에 도착하나요? **À quelle heure arrivons-nous à Londres?**
아 껠 뢰르 아리봉 - 누 아 롱드르?

◎ 얼마나 지연될까요? **Quel est le retard?**
껠 레 르 르따?

◎ 도착 시간은 언제인가요? **À quelle heure nous arrivons?**
아 껠 뢰르 누 자리봉?

입국 신고서 작성할 때

◎ 이 서류 쓰는 법을 가르쳐 주시겠어요? **Expliquez-moi comment remplir ce formulaire, s'il vous plaît?**
엑스쁠리께-무아 꼬망 랑쁠리르 쓰 포뮬레르 씰 부 쁠래?

◎ 여기에는 무엇을 쓰는 건가요? **Qu'est-ce que je dois écrire là-dessus?**
께 -스 끄 쥬 두아 에크리르 라-드쒸?

◎ 제 입국 신고서를 봐주시겠어요? **Pouvez-vous verifier ma carte de débarquement?**
뿌베-부 베리피에 마 꺅뜨 드 데바끄망?

◎ 입국 신고서 작성을 도와주세요. **Aidez-moi à remplir la carte de débarquement.**
애데 -무아 아 랑쁠리르 라 꺅뜨 드 데바끄망.

101

Unit 2 공항에서 Dans l'aéroport

공항에서 쓰는 표현 Best 3

◎ 어디에서 오셨나요?

Vous venez d'où?
부 브네 두?

◎ 직업이 무엇인가요?

Quel est votre métier?
껠 레 보트르 메띠에?

◎ 방문 목적이 무엇인가요?

Quel est le but de votre visite?
껠 레 르 뷔뜨 드 보트르 비지뜨?

기본단어

항공사	companie aérienne 꽁빠니 아에리엔	출발	départ 데빠
도착	arrivé 아리베	환승하다	effectuer une correspondance 에펙뛰에 윈 꼬레스뽕당스
보안 검색	contrôle de sécurité 꽁트롤 드 쎄뀌리떼	수하물 찾는 곳	retrait des bagages 흐트래 데 바가쥬
탑승 수속대	comptoir d'enregistrement 꽁뚜아 당흐지스트르망	탑승 대기실	salle d'embarquement 쌀 당바끄망
탑승구	porte d'embarquement 뽀뜨 당바끄망	입국 심사	immigration 이미그라씨옹
세관	douane 두안	무관세	hors taxes 오르-딱스
신고하다	déclarer 데끌라레	목적지	destination 데스띠나씨옹
유실물 취급소	bureau des objets trouvés 뷔로 데 죠브제 트루베	환전	change 샹주

102

공항에서 많이 쓰는 핵심표현

탑승에 대해 물을 때

◎ 몇 시에 탑승 시작하나요?　À quelle heure embarque-t-on?
아 껠 뢰르 앙바끄-똥?

◎ 몇 번 게이트로 가야 하나요?　À quelle porte d'embarquement dois-je me rendre?
아 껠 뽁뜨 당바끄망 두아-주 므 항드르?

◎ 이거 기내에 가지고 탑승해도 되나요?　Est-ce que je peux emporter ceci dans l'avion?
에 -스 끄 쥬 쁘 앙뽁떼 쓰시 당 라비옹?

직업을 물어볼 때

◎ 직업이 무엇인가요?　Quel est votre métier?
껠 레 보트르 메띠에?

◎ 직업이 무엇인가요?　Quelle est votre profession?
껠 레 보트르 프로페씨옹?

◎ 무슨 일을 하시나요?　Que faites-vous dans la vie?
끄 패뜨- 부 당 라 비?

직업을 말할 때

◎ 저는 사업을 해요.　Je suis homme d'affaires.
쥬 쒸 옴 다페르.

◎ 저는 회사원이에요.　Je suis salarié.
쥬 쒸 쌀라리에.

◎ 저는 주부예요.　Je suis mère au foyer.
쥬 쒸 메르 오 퐈예.

◎ 여권을 보여 주세요.   **Votre passeport s'il vous plait?**
보트르 빠스뽀르 씰 부 쁠래?

◎ 어디에서 오셨나요?   **Vous venez d''où?**
부 브네 두?

◎ 한국에서 왔어요.   **Je viens de Corée du Sud.**
쥬 비앙 드 꼬레 뒤 쉬드.

◎ 방문 목적이 무엇인가요?   **Quelle est le but de votre visite?**
껠 레 르 뷔뜨 드 보트르 비지뜨?

◎ 관광입니다.   **Pour faire du tourisme.**
뿌 패르 뒤 뚜리즘.

◎ 휴가 차 왔어요.   **Je suis venu pour passer des vacances.**
쥬 쒸 브뉘 뿌 빠쎄 데 바깡스.

◎ 얼마나 머무실 건가요?   **Vous restez combien de temps?**
부 레스떼 꼼비앙 드 땅?

◎ 일주일 정도요.   **Pendant une semaine environ.**
빵당 윈 스맨 양비롱.

◎ 어디에서 숙박하실 건가요?   **Vous restez où?**
부 레스떼 우?

◎ 힐튼 호텔에서 묵을 겁니다.   **Je séjourne à l'hôtel Hilton.**
쥬 쎄쥬흔느 아 로뗄 힐튼.

◎ 돌아가는 항공권을 보여 주세요.   **Votre billet de retour, s'il vous plait.**
보트르 비예 드 르뚜 씰 부 쁠래.

◎ 짐은 어디에서 찾나요?   **Où est-ce que je peux récupérer**
mes bagages?
우 에 –스 끄 쥬 쁘 레뀌뻬레 메 바갸쥬?

◎ 제 수하물은 어디에서 찾을 수 있죠?   **Où est-ce que je peux prendre mes bagages?**
우 에 –스 끄 쥬 쁘 프랑드르 메 바갸쥬?

◎ 제 짐이 보이지 않아요.   **Je ne peux pas trouver mes bagages.**
쥬 느 쁘 빠 트루베 메 바갸쥬.

◎ 제 가방이 보이지 않아요.   **Je n'ai pas trouvé mes bagages.**
쥬 내 빠 트루베 메 바갸쥬.

세관을 통과할 때

○ 여권과 세관 신고서를 주세요.
Votre passeport et Carte de déclaration, s'il vous plait.
보트르 빠스뽀르 에 깍뜨 드 데끌라하씨옹 씰 부 쁠래.

○ 세관 신고서를 보여 주시겠습니까?
Est-ce que je peux voir votre Carte de déclaration s'il vous plait?
에-스 끄 쥬 쁘 부아 보트르 깍뜨 드 데끌라하씨옹 씰 부 쁠래?

○ 세관 신고할 물건이 있나요?
Est-ce que vous avez quelque chose à déclarer?
에 -스 끄 부 자베 껠끄 쇼즈 아 데끌라레?

○ 아니 없습니다.
Non, rien de spécial.
농, 히앵 드 스페씨알.

환승할 때

○ 저는 런던행 환승객입니다.
Je suis un passager en correspondance pour Londre .
쥬 쒸 앵 빠싸줴 앙 꼬레스뽕당스 뿌 롱드르.

○ 갈아타는 곳이 어디인가요?
Où est le comptoir de correspondance?
우 에 르 꽁뚜와 드 꼬레스뽕당스?

○ 경유시간은 얼마나 되나요?
Combien de temps on s'arrête ici ?
꼼비앵 드 땅 옹 싸레뜨 이씨?

○ 시드니행 환승 비행기를 놓쳤어요.
J'ai raté mon vol en correspondance pour Sydney.
줴 라떼 몽 볼 앙 꼬레스뽕당스 뿌 씨드니.

환전할 때

○ 환전소는 어디인가요?
Où est le bureau de change?
우 에 르 뷔로 드 샹쥬?

○ 어디에서 환전하나요?
Où est-ce que je peux changer de l'argent?
우 에 -스 끄 쥬 쁘 샹줴 드 라장?

○ 달러로 바꿔 주세요.
Pouvez-vous changer cet argent en dollar, s'il vous plait.
뿌베 - 부 샹줴 쎗 따장 앙 돌라, 씰 부 쁠래.

○ 환전을 하고 싶은데요.
Je voudrais changer de l'argent.
쥬 부드래 샹줴 드 라장.

Unit 3 숙소에서 Dans l'hébergement

숙소에서 쓰는 표현 Best 3

◎ 체크인하고 싶은데요.   **Veuillez enregistrer, s'il vous plaît.**
   뵈이예 앙흐지스트레, 씰 부 쁠래.

◎ 아침 7시에 깨워 주세요.   **Réveillez-moi à sept heures demain matin, s'il vous plaît.**
   레베이에-무아 아 쎗 뜨르 드맹 마땡, 씰 부 쁠래.

◎ 아침 식사 시간은 몇 시예요?   **À quelle heure est servi le petit-déjeuner?**
   아 깰 뢰르 에 쎄르비 르 쁘띠-데죄네?

기본단어

입실 수속	**enregistrement** 앙흐지스트르망	퇴실 수속	**régler la chambre** 레글레 라 샹브르
예약	**réservation** 레제르바씨옹	보증금	**dépôt** 데뽀
성수기	**haute saison** 오뜨 쌔종	비수기	**saison morte** 쌔종 모르뜨
손님	**client** 끌리앵	청구서	**addition** 아디씨옹
봉사료	**frais de service** 프래 드 쎄르비쓰	세탁물	**linge à laver** 랭쥬 아 라베
영수증	**reçu** 르쒸	입구	**entrée** 앙트레
비상구	**sortie de secours** 쏘르띠 드 쓰꾸르	예약 확인서	**confirmation** 꽁피르마씨옹
숙박 카드	**fiche d'hôtel** 피슈 도뗄	귀중품 보관소	**coffret de sûreté** 꼬프레 드 쒸르떼

106

숙소에서 많이 쓰는 핵심표현

체크인을 할 때

◎ 체크인하고 싶은데요. Je voudrais me faire enregistrer, s'il vous plait.
쥬 부드래 므 페르 앙흐지스트레, 씰 부 쁠래.

◎ 마샤 강으로 예약을 했습니다. **J'ai reserved une chambre au nom de Marsha Kang .**
쥐 레제르베 윈 샹브르 오 농 드 마샤 강.

◎ 이것이 예약 확인증이에요. **C'est la confirmation.**
쎄 라 꽁피르마씨옹.

룸이 마음에 들지 않을 때

◎ 방이 마음에 들지 않아요. **Je n'aime pas cette chambre.**
쥬 냄 빠 쎗뜨 샹브르.

◎ 방을 바꿔 주세요. **Je voudrais changer de chambre.**
쥬 부드래 샹줴 드 샹브르.

◎ 경치가 좋은 방을 주시면 좋겠어요. **Je voudrais une chambre avec une belle vue.**
쥬 부드래 윈 샹브르 아베 뀐 벨 뷔.

모닝 콜을 부탁할 때

◎ 아침 7시에 깨워 주세요. **Réveillez-moi demain matin à sept heures, s'il vous plaît.**
레베이에-무아 드맹 마땡 아 쎗 뜨르, 씰 부 쁠래.

◎ 아침 7시에 모닝콜 해주세요. **Je voudrais le service de réveil téléphonique à sept heures.**
쥬 부드래 르 세르비스 드 레베이 뗄레뽀니끄 아 쎗 뜨르.

◎ 아침 7시에 모닝콜을 걸어주시겠어요? **Pouvez-vous me réveiller demain matin à sept heures?**
뿌베- 부 므 레베이에 드맹 마땡 아 쎗뜨 뜨르?

107

조식에 대해 문의할 때

○ 아침 식사는 어디에서 하나요? **Où est-ce qu'on mange le petit-déjeuner?**
우 에스 꽁 망쥬 르 쁘띠-데죄네?

○ 아침 식사 시간은 몇 시예요? **On mange le petit-déjeuner à quelle heure?**
옹 망쥬 르 쁘띠-데죄네 아 껠 뢰르?

○ 아침 식사가 나오나요? **Le petit-déjeuner est offert?**
르 쁘띠-데죄네 에 또페르?

○ 조식이 포함되어 있나요? **Le petit-déjeuner est compris?**
르 쁘띠-데죄네 에 꽁프리?

물건을 갖다 달라고 할 때

○ 비누를 갖다 주세요. **Un savon s'il vous plaît.**
앵 싸봉 씰 부 쁠래.

○ 타월을 더 주시겠어요? **Est-ce que je peux avoir des serviettes de toilettes supplémentaires?**
에 -스 끄 쥬 쁘 아부아 데 쎄르비에뜨 드 뚜알렛 쒸쁠레망떼르?

○ 베개를 갖다 주세요. **Des oreillers supplémentaires, s'il vous plaît.**
데 조레이에 쒸쁠레망떼르, 씰 부 쁠래.

○ 화장지를 갖다 주세요. **Des papiers hygiéniques s'il vous plaît.**
데 빠삐에 이지에니끄, 씰 부 쁠래.

Wi-Fi에 대해 물을 때

○ 여기 와이파이 되나요? **Est-ce que vous avez un accès Wifi?**
에 -스 끄 부 자베 앵 악쎄 위피?

○ 와이파이 비밀번호 뭐예요? **Quels sont les mots de passe du Wifi?**
껠 쏭 레 모 드 빠쓰 뒤 위피?

○ 와이파이를 연결해 주세요. **Je voudrais me connecter à un réseau wifi.**
쥬 부드래 므 꼬넥떼 아 앵 헤조 위피.

○ 무료 와이파이가 있나요? **Est-ce que vouz avez un accès Wifi gratuit?**
에-스 끄 부 자베 앵 악쎄 위피 그라뛰?

108

청소를 요청할 때

◎ 시트를 바꿔 주세요.
Changez les draps, s'il vous plaît.
샹줴 레 드라, 씰 부 쁠래.

◎ 침대를 정돈해 주세요.
Faites le lit, s'il vous plaît.
패뜨 르 리, 씰 부 쁠래.

◎ 나가 있는 동안 방을 청소해 주세요.
Nettoyez la chambre pendant que je ne suis pas là .
네똬예 라 샹브르 빵당 끄 쥬 느 쒸 빠 라.

◎ 제 방 청소가 아직 안 되었네요.
La chambre n'est pas encore prête.
라 샹브르 네 빠 장꺼 프레뜨.

세탁 서비스를 받고 싶을 때

◎ 세탁 서비스가 있나요?
Est-ce que vous avez un service de blanchissage?
에-스 끄 부 자베 앵 세르비스 드 블랑쉬싸쥬?

◎ 제 블라우스를 세탁해 주세요.
Lavez cette chemise, s'il vous plaît.
라베 쎗 뜨 슈미즈, 씰 부 쁠래.

◎ 언제 다 됩니까?
Quand est-ce que ce sera prêt?
깡 떼-스 끄 쓰 스라 프레?

◎ 제 세탁물은 다 되었나요?
Les linges sont prêts?
레 랭쥬 쏭 프레?

체크아웃할 때

◎ 체크아웃 하려고요.
Je voudrais régler ma chambre.
쥬 부드래 레글레 마 샹브르.

◎ 체크아웃하고 싶은데요.
Je vais quitter l'hôtel.
쥬 배 끼떼 로뗄.

◎ 몇 시에 체크아웃 해야 하나요?
Quand est-ce que je dois quitter l'hôtel?
깡 떼-스 끄 쥬 돠 끼떼 로뗄?

◎ 체크아웃은 몇 시인가요?
À quelle heure je règle ma note?
아 껠 뢰르 쥬 레글르 마 노뜨?

Unit 4 거리에서 Dans la rue

거리에서 쓰는 표현 Best 3

◎ 힐튼 호텔로 가 주세요.
L'hôtel Hilton, s'il vous plaît.
로뗄 힐튼, 씰 부 쁠래.

◎ 거기까지 걸어갈 수 있나요?
Est-ce qu'on peut y aller à pied?
에-스 꽁 쁘 이 알레 아 삐에?

◎ 박물관은 어디 있나요?
Où se trouve le musée?
우 쓰 트루브 르 뮤제?

기본단어

인도	**trottoir** 트로뚜와		차도	**route** 루뜨
길	**chemin** 슈맹		도로 표지판	**plaque de rue** 쁠라끄 드 뤼
신호등	**feu** 프		지하철 갈아타는 곳	**correspondance** 꼬레스뽕당스
매표소	**guichet** 기쉐		예정대로	**comme prévu** 꼼 프레뷔
급행열차	**express** 엑스프레스		편도	**aller simple** 알레 쌩쁠
승객	**passager** 빠싸줴		왕복	**aller-retour** 알레-흐뚜
주의	**attention** 아땅씨옹		위험	**danger** 당줴
주차금지	**stationnement interdit** 스따씨온느망 앵떼르디		주차장	**parking** 빠킹

거리에서 많이 쓰는 핵심표현

길을 물을 때

◎ 실례합니다. 박물관에는 어떻게 가나요? **Excusez-moi, comment va-t-on au musée?**
엑스뀌제-무아, 꼬망 바-똥 오 뮤제?

◎ 그곳에 어떻게 가는지 알려 주세요. **Pourriez-vous me dire comment aller là-bas, s'il vous plaît.**
뿌리에-부 므 디르 꼬망 딸레 라-바, 씰 부 쁠래.

◎ 지하철까지 이 길로 가면 되나요? **Je suis bien sur la route de la station de métro?**
쥬 쒸 비앵 쒸르 라 루뜨 드 라 스따씨옹 뒤 메트로?

장소를 찾을 때

◎ 공중 화장실은 어디에 있어요? **Où sont les toilettes publiques?**
우 쏭 레 뚜알렛 쀠블리끄?

◎ 박물관은 어디인가요? **Où se trouve le musée?**
우 쓰 트루브 르 뮤제?

◎ 백화점은 어디인가요? **Où est le grand magasin?**
우 에 르 그랑 마가쟁?

소요 시간을 물을 때

◎ 여기에서 가까운가요? **C'est près d'ici?**
쎄 프레 디씨?

◎ 거기까지 걸어갈 수 있나요? **Est-ce que nous pouvons y aller à pied?**
에-스 끄 누 뿌봉 이 알레 아 삐에?

◎ 시간이 어느 정도 걸리나요? **Combien de temps faut-il pour y arriver?**
꼼비앵 드 땅 포- 띨 뿌 이 아리베?

길을 잃었을 때

● 길을 잃었어요. 도와 주세요.　　**Aidez-moi, Je suis perdu.**
　　　　　　　　　　　　　　　　애데-무아, 쥬 쒸 뻬르뒤.

● 실례합니다. 제가 지금 있는 곳이　**Excusez-moi, je suis où sur ce plan?**
　지도에서 어디인가요?　　　　　엑스뀨제-무아, 쥬 쒸 우 쒸르 스 쁠랑?

● 길을 잘못 들었어요. 여기가 어디예요?　**Nous nous sommes trompés de chemin.**
　　　　　　　　　　　　　　　　Où sommes-nous?
　　　　　　　　　　　　　　　　누 누 쏨 트롱뻬 드 슈맹. 우 쏨-누?

● 저는 지하철을 찾고 있어요.　　　**Je cherche la station de métro.**
　　　　　　　　　　　　　　　　쥬 쉐슈 라 스따씨옹 드 메트로.

상대방이 길을 물어볼 때

● 미안합니다. 저도 모릅니다.　　　**excusez-moi, je ne sais pas.**
　　　　　　　　　　　　　　　　엑스뀨제-무아, 쥬 느 쌔 빠.

● 관광객이라 저도 잘 모릅니다.　　**Je suis touriste. je ne suis pas sûr de moi.**
　　　　　　　　　　　　　　　　쥬 쒸 뚜리스트. 쥬 느 쒸 빠 쒸르 드 무아.

● 다른 사람에게 물어 보시죠.　　　**Demandez à quelqu'un d'autre.**
　　　　　　　　　　　　　　　　드망데 아 껠깡 도트르.

버스를 탈 때

● 버스 정류장은 어디인가요?　　　**Où est l'arrêt de bus?**
　　　　　　　　　　　　　　　　우 에 라레 드 뷔스?

● 어떤 버스가 시내로 가나요?　　　**Quel bus va au centre-vill?**
　　　　　　　　　　　　　　　　껠 뷔스 바 오 쌍트르-빌?

● 버스 시간표를 주시겠어요?　　　**Est-ce que je peux obtenir un horaire de bus?**
　　　　　　　　　　　　　　　　에-스 끄 쥬 쁘 옵뜨니르 앵 오래르 드 뷔스?

● 이 버스 시내로 가나요?　　　　**Est-ce que ce bus va au centre-ville?**
　　　　　　　　　　　　　　　　에-스 끄 쓰 뷔스 바 오 쌍트르-빌?

지하철을 탈 때

● 이 근처에 지하철역이 있어요? **Est-ce qu'il y a une station de métro près d'ici?**
에-스 낄 이야 윈 스따씨옹 드 메트로 프레디씨?

● 몇 호선이 공항 가요? **Quelle ligne va à l'aéroport?**
껠 리니으 바 아 라에로포르?

● 자동 매표기는 어디 있어요? **Où se trouve le distributeur de billets?**
우 쓰 트루브 르 디스트리뷰뙤르 드 비예?

● 가장 가까운 지하철역까지 거리가 얼마나 되나요? **Á quelle distance sommes-nous de la plus proche station de métro?**
아 껠 디스땅스 쏨-누 드 라 쁠뤼 프로쉬 스따씨옹 드 메트로?

지하철을 탔을 때

● 바꿔타야 해요? **Il faut changer de métro?**
일 포 샹줴 드 메트로?

● 어디에서 갈아타야 해요? **Où est-ce que je change de métro?**
우 에-스 끄 쥬 샹쥬 드 메트로?

● 이거 시청에 가나요? **Cette ligne dessert la Mairie?**
쎗뜨 리니으 데쎄르 라 매리?

● 다음이 채링 크로스 역인가요? **Le prochain arrêt est Charing Cross?**
르 프로쉔 아레 에 채링 크로스?

택시를 탈 때

● 택시 승강장은 어디인가요? **Où est la station de taxi?**
우 에 라 스따씨옹 드 딱씨?

● 어디에서 택시를 탈 수 있어요? **Où est-ce que je peux prendre le taxi?**
우 에-스 끄 쥬 쁘 프랑드르 르 딱씨?

● 트렁크를 열어 주시겠어요? **Pouvez-vous ouvrir le coffre?**
뿌베-부 우브리르 르 꼬프르?

● 이 주소로 가 주세요 **À cette adresse, s'il vous plaît.**
아 쎗뜨 아드레쓰, 씰 부 쁠래.

Unit 5 관광지에서 Dans un site touristique

관광지에서 쓰는 표현 Best 3

○ 이 도시에서 가장 유명한 것은 무엇인가요?
Quelle est la chose la plus célèbre de cette ville?
껠 레 라 쇼즈 라 쁠뤼 쎌레브르 드 쎗뜨 빌?

○ 입장료는 얼마인가요?
Combien coûte le prix d'entrée?
꼼비앙 꾸뜨 르 프리 당트레?

○ 여기에서 사진을 찍어도 되나요?
Est-ce que je peux prendre des photos ici?
에-스 끄 쥬 쁘 프랑드르 데 포토 이씨?

기본표현

여행	voyage 봐야쥬		관광객	touriste 뚜리스트
관광	tourisme 뚜리즘		시내 관광	visite de la ville 비지뜨 드 라 빌
반나절	demi-journée 드미-주르네		하루	journée entière 주르네 앙띠에르
당일 여행	excursion 엑스뀌르지옹		추천하다	recommander 르꼬망데
관광 명소	attraction touristique 아트락씨옹 뚜리스띠끄		입장료	prix d'entrée 프리 당트레
전망대	belvédère 벨베데르		마지막	fin 팽
기념품	souvenir 수브니르		기념품점	boutique de souvenirs 부띠끄 드 수브니르
줄	ligne 리니으		인상적인	impressionant 임프레씨오낭

114

관광지에서 많이 쓰는 핵심표현

관광 안내소에서

◎ 무료 지도가 있나요?

Est-ce que vous avez le plan gratuit?
에-스 끄 부 자베 르 쁠랑 그라뛰?

◎ 관광 정보가 필요합니다.

J'ai besoin d'information touristique.
줴 브좡 댕포마씨옹 뚜리스티그.

◎ 런던 시내를 관광하고 싶은데요.

Je voudrais visiter la ville de Londres.
쥬 부드래 비지떼 라 빌 드 롱드르.

관광 정보를 수집할 때

◎ 이 도시에서 가장 유명한 것은 무엇인가요?

Quelle est la chose la plus célèbre de cette ville?
껠 레 라 쇼즈 라 쁠뤼 쎌레브르 드 쎗뜨 빌?

◎ 갈 만한 곳을 추천해 주시겠어요?

Pouvez-vous m'indiquer les endroits intéressants à visiter?
뿌베-부 맹디께 리 장드라 쟁떼레쌍 아 비지떼?

◎ 이 도시의 관광 명소에는 어떤 것이 있나요?

Quelles sont les attractions touristiques de cette ville?
껠 쏭 레 자트락씨옹 뚜리스띠끄 드 쎗뜨 빌?

입장료를 물을 때

◎ 입장료는 얼마인가요?

Combien coûte le prix d'entrée?
꼼비앙 꾸뜨 르 프리 당트레?

◎ 한 사람당 얼마인가요?

Combien cela coûte par personne?
꼼비앙 쏠라 꾸뜨 빠 뻴쏜?

◎ 어른 2장, 아이 1장 주세요.

Deux adultes et un enfant, s'il vous plaît.
두 자뒬트 에 앵 앙팡, 씰 부 쁠래.

◎ 관광 버스 투어가 있나요?　**Est-ce qu'il y a des excursions en autocar?**
에-스 낄 리 야 데 젝스뀌르지옹 앙 오또까?

◎ 시간이 얼마나 걸리나요?　**La visite dure combien de temps?**
라 비지뜨 뒤르 꼼비앵 드 땅?

◎ 투어는 매일 있나요?　**Est-ce que vous avez le programme d'excursion chaque jour?**
에-스 끄 부 자베 르 프로그람 덱스뀌르지옹 샤끄 주르?

◎ 오전 투어가 있나요?　**Est-ce que vous avez des excursions de la matinée?**
에-스 끄 부 자베 에 젝스뀌르지옹 드 라 마띠네?

◎ 야간 관광은 있나요?　**Est-ce qu'il y a des excursions nocturnes?**
에-스 낄리야 데 젝스뀌르지옹 녹뛰른?

◎ 몇 시에 떠나요?　**Vous partez à quelle heure?**
부 빠르떼 아 껠뢰르?

◎ 어디에서 출발하나요?　**Où est-ce qu'on part?**
우 에-스 꽁 빠?

관광을 하면서

◎ 여기에 누가 살았었나요?　**Qui a vécu ici?**
끼 아 베뀌 이씨?

◎ 언제 지어진 건가요?　**Quand est-ce que cette immeuble a été construite?**
깡 떼-스 끄 쎗뜨 이머블 아 에떼 꽁스트뤼뜨?

◎ 저 건물은 무엇인가요?　**Qu'est-ce que c'est l'immeuble là-bas?**
께-스 끄 쎄 리머블 라-바?

◎ 높이는 어느 정도인가요?　**Combien mesure-t-il?**
꼼비앵 므쥐르-일?

◎ 몇 년이나 된 건가요?　**Quel âge a cet immeuble?**
껠라쥬 아 쎗 이머블?

투어 버스 안에서

● 자유 시간은 있나요?
Nous avons le temps libre?
누 자봉 르 땅 리브르?

● 여기에서 얼마나 있나요?
Combien de temps nous restons ici?
꼼비앵 드 땅 누 레스똥 이씨?

● 몇 시에 돌아오나요?
À quelle heure nous rentrons?
아 껠뢰르 누 항트롱?

● 시간은 어느 정도 있나요?
Nous avons combien de temps?
누 자봉 꼼비앵 드 땅?

촬영을 부탁할 때

● 사진을 찍어 주시겠어요?
Pouvez-vous nous prendre en photo?
뿌베-부 누 프랑드르 앙 포토?

● 여기서 제 사진 좀 찍어 주세요.
Pouvez-vous me prendre en photo, s'il vous plaît.
뿌베-부 므 프랑드르 앙 포토, 씰 부 쁠래.

● 이 버튼을 누르세요.
Appuyez sur ce bouton.
아쀠예 쒸르 쓰 부똥.

● 한 장 더 부탁합니다.
Une autre photo, s'il vous plaît.
윈 오트르 포토, 씰 부 쁠래.

촬영을 허락받을 때

● 여기에서 사진을 찍어도 되나요?
Est-ce que je peux prendre des photos ici?
에-스 끄 쥬 뻐 프랑드르 데 포토 이씨?

● 플래시를 써도 되나요?
Est-ce que je peux prendre une photo avec flash?
에-스 끄 쥬 뻐 프랑드르 윈 포토 아베끄 플래쉬?

● 비디오를 찍어도 되나요?
Est-ce que je peux filmer une video?
에-스 끄 쥬 뻐 필메 윈 비데오?

● 당신 사진을 찍어도 되나요?
Est-ce que je peux vous prendre en photo?
에-스 끄 쥬 뻐 부 프랑드르 앙 포토?

식당에서 Dans un restaurant

식당에서 쓰는 표현 Best 3

◎ 주문하시겠습니까? **Vous avez choisi?**
부 자베 슈와지?

◎ 스테이크 2인분 주세요. **Deux steaks, s'il vous plaît.**
두 스테잌, 씰 부 쁠래.

◎ 소금 좀 갖다 주시겠어요? **Du sel s'il vous plaît?**
뒤 쎌 씰 부 쁠래?

기본단어

레스토랑	**restaurant** 레스토랑	주문	**commande** 꼬망드
식사	**repas** 르빠	요리	**plat** 쁠라
접시	**assiette** 아씨에뜨	젓가락	**baguettes** 바게뜨
예약석	**table réservée** 따블 레제르베	봉사료	**frais de service** 프레 드 세르비스
소금	**sel** 쎌	설탕	**sucre** 쉬크르
후추가루	**poivre** 뿌와브르	식초	**vinaigre** 비내그르
매운	**piquant** 삐깡	싱거운	**insipide** 앵씨삐드
짠	**salé** 쌀레	달콤한	**sucré** 쉬크레

118

식당에서 많이 쓰는 핵심표현

식당을 찾을 때

● 식당을 찾고 있는데요.
Je cherche un bon restaurant.
쥬 쉑슈 앵 봉 레스토랑.

● 가장 가까운 식당은 어디인가요?
Quel est le restaurant le plus proche?
껠레 르 레스토랑 르 쁠뤼 프로슈?

● 이 시간에 문을 연 식당이 있나요?
Est-ce qu'il y a un restaurant ouvert maintenant ?
에-스 낄리야 앵 레스토랑 우베르 맹뜨낭?

● 가벼운 식사를 하고 싶은데요.
Je voudrais manger léger.
쥬 부드래 망줴 레줴.

● 근처에 한국 식당이 있나요?
Y-a-t-il un restaurant coréen près d'ici?
이-야-띨 앵 레스토랑 꼬레앙 프레 디씨?

식당을 예약할 때

● 예약이 필요한가요?
Il faut réserver?
일 포 레제르베?

● 오늘 밤 7시에 세 사람 자리를 예약하고 싶습니다.
Je voudrais réserver une table pour 3 personnes pour ce soir à 19heures.
쥬 부드래 레제르베 윈 따블 뿌 트롸 뻴쏜 뿌 쓰 쑤아 아 디즈느비르.

● 복장 규제가 있나요?
Est-ce qu'il y a un code vestimentaire?
에-스 낄리야 앵 꼬드 베스띠망떼르?

● 일행이 몇 분인가요?
Combien de personnes?
꼼비앵 드 뻴쏜?

● 금연석으로 부탁합니다.
Je voudrais une table non fumeur.
쥬 부드래 윈 따블 농 퓨뫼.

● 예약을 취소하고 싶습니다.
Je voudrais annuler ma réservation.
쥬 부드래 아뉠레 마 레제르바씨옹.

주문할 때

● 주문하시겠어요?
Vous avez choisi?
부자베 슈와지?

● 이제 주문하겠어요.
Je voudrais commander maintenant.
쥬 부드래 꼬망데 매뜨낭.

● 스테이크 2인분 주세요.
Deux steaks, s'il vous plaît.
두 스테익, 씰 부 쁠래.

● 스테이크는 어떻게 해 드릴까요?
Quelle cuisson pour la viande?
껠 뀌쏭 뿌 라 비앙드?

● 잘 익혀 주세요.
Bien cuit, s'il vous plaît.
비앙 뀌, 씰 부 쁠래.

● 어떤 음식을 추천해 주실 건가요?
Qu'est-ce que vous me conseillez?
께-스 끄 부 므 꽁쎄이에?

● 점심 특선은 무엇인가요?
Quelle est la spécialité d'aujourd'hui?
껠레 라 스페씨알리떼 도주르디?

● 음료는 무엇으로 하시겠습니까?
Désirez-vous une boisson?
데지레-부 원 부아쏭?

● 아니, 됐어요. 그냥 물만 주세요.
Non merci, une carafe d'eau, s'il vous plaît.
농 멕씨, 원 까라프 도, 씰 부 쁠래.

● 디저트는 뭐가 있어요?
Qu'est-ce que vous avez comme dessert?
께-스끄 부 자베 꼼 데쎄르?

계산할 때

● 계산서 주세요.
L'addition s'il vous plaît.
라디씨옹, 씰 부 쁠래.

● 제가 살게요.
Je vais payer.
쥬 배 뻬이예.

● 신용카드로 해도 되나요?
Je peux payer par carte bancaire?
쥬 쁘 뻬이예 빠 꺅뜨 방깨르?

● 물론입니다. 여기에 서명해 주세요.
Bien sûr, signez ici.
비앙 쒸르, 씨녜 이씨.

패스트 푸드점에서 주문할 때

○ 햄버거와 콜라 주세요.   **Je voudrais un hamburger et un coca.**
쥬 부드래 앵 앙뷔르게 에 앵 꼬꺄.

○ 여기서 드시나요?
아니면 포장해 드릴까요?   **Sur place ou à emporter?**
쒸르 쁠라쓰 우 아 앙뽀르떼?

○ 포장해 주세요.   **À emporter, s'il vous plaît.**
아 앙뽀르떼, 씰 부 쁠래.

○ 어떤 사이즈로 하시겠습니까?   **Quelle taille vous voulez?**
껠 따이 부 불레?

○ 중간 사이즈로 주세요.   **Taille moyenne s'il vous plaît.**
따이 무아엔, 씰 부 쁠래.

○ 리필해 주세요.   **Pouvez-vous me resservir du boisson, s'il vous plaît?**
뿌베-부 므 르쎄르비르 뒤 부아쏭, 씰 부 쁠래?

주문 요리에 문제가 있을 때

○ 주문한 게 아직 안 나왔는데요.   **Les plats commandés ne sont pas encore arrivés.**
레 쁠라 꼬망데 느 쏭 빠 장꺼 아리베.

○ 얼마나 기다려야 하나요?   **Combien de temps je dois attendre?**
꼼비앵 드 땅 쥬 두와 아땅드르?

○ 커피 두 잔 주문했는데요.   **J'ai commandé deux tasses de café.**
줴 꼬망데 두 따쓰 드 꺄페.

○ 주문을 확인해 주시겠어요?   **Pourriez-vous vérifier ma commande?**
뿌리에-부 베리피에 마 꼬망드?

○ 다른 요리가 나왔어요.   **Ce n'est pas ce que j'ai commandé.**
쓰 네 빠 스 끄 줴 꼬망데.

○ 이것은 제가 주문한 게 아니에요.   **Ce n'est pas ce que j'ai commandé.**
쓰 네 빠 스 쓰 줴 꼬망데.

○ 차가 식었어요.   **Mon thé n'est pas assez chaud.**
몽 떼 네 빠 자쎄 쇼.

○ 이 요리를 데워 주세요.   **Réchauffez ce plat, s'il vous plaît.**
레쇼페 쓰 쁠라, 씰 부 쁠래.

121

Unit 7 상점에서 Dans une boutique

상점에서 쓰는 표현 Best 3

◎ 어서 오세요.
Est-ce que je peux vous aider?
에-스 끄 쥬 쁘 부 제데?

◎ 그냥 좀 둘러보고 있어요.
Je regarde seulement.
쥬 르갸르드 쐴르망.

◎ 다른 것을 보여 주세요.
Montrez-moi un autre produit, s'il vous plaît.
몽트레-무아 앵 오트르 프로뒤, 씰 부 쁠래.

기본단어

선물 가게	**magasin de souvenirs** 마갸쟁 드 수브니르		보석 가게	**magasin de bijoux** 마갸쟁 드 비주
할인 가게	**magasin discount** 마갸쟁 디스카운트		편의점	**commerce de proximité** 꼬멕쓰 드 프록씨미떼
종이 봉지	**sac en papier** 싹 앙 빠삐에		비닐 봉지	**sac en plastique** 싹 앙 쁠라쓰띠끄
계산원	**caissier** 깨씨에		점원	**vendeur** 방되르
면	**coton** 꼬똥		가죽	**cuir** 뀌르
헐렁한	**ample** 앙쁠		목걸이	**collier** 꼴리에
귀걸이	**boucle d'oreille** 부끌르 도레이예		반지	**anneau** 아노
팔찌	**bracelet** 브라쏠레		브로치	**broche** 브로슈

122

상점에서 많이 쓰는 핵심표현

쇼핑센터를 찾을 때

◎ 쇼핑센터는 어느 방향인가요? **Pour arriver au centre-commercial, quelle direction devrais-je prendre?**
뿌 아리베 오 쌍트르-꼬멕씨알,
껠 디렉씨옹 드브레-쥬 프랑드르?

◎ 쇼핑몰은 어디인가요? **Où se trouve le centre-commercial?**
우 쓰 트루브 르 쌍트르-꼬멕씨알?

◎ 쇼핑가는 어디에 있나요? **Où se trouve le centre-commercial?**
우 쓰 트루브 르 쌍트르-꼬멕씨알?

가게를 찾을 때

◎ 편의점을 찾고 있는데요. **Je cherche un magasin de proximité.**
쥬 쉐슈 앵 마가쟁 드 프록씨미떼.

◎ 이 주변에 할인 가게가 있나요? **Y-a-t-il un magasin discount près d'ici?**
이-야-띨 앵 마가쟁 디스카운트 프레 디씨?

◎ 운동화는 어디서 사나요? **Où est-ce que je peux acheter des chaussures de sport?**
우 에-스 끄 쥬 쁘 아슈떼 데 쇼쒸르 드 스뽀?

가게에 들어섰을 때

◎ 어서 오세요. **Est-ce que je peux vous aider?**
에-스 끄 쥬 쁘 부 재데?

◎ 좀 둘러봐도 되나요? **Je peux regarder un peu?**
쥬 쁘 르갸르데 앵 쁘?

◎ 그냥 좀 둘러보고 있어요. **Je regarde simplement.**
쥬 르갸르드 쌩쁠르망.

123

사고 싶은 물건을 찾을 때

● 스카프가 있나요?
Est-ce que vous avez une écharpe?
에-스 끄 부 자베 윈 에샤쁘?

● 선글라스를 찾고 있어요.
Je cherche des lunettes de soleil.
쥬 쉐슈 데 뤼네뜨 드 쏠레이.

● 가장 인기 있는 건 무엇인가요?
Quel est l'article le plus populaire?
껠레 락띠끌 르 쁠뤼 뽀쁄레르?

● 기념품으로 좋은 게 있나요?
Est-ce que vous avez un cadeau de bon goût?
에-스 끄 부 자베 앵 까도 드 봉 구?

물건을 보고 싶을 때

● 그걸 봐도 될까요?
Est-ce que je peux voir cela?
에-스 끄 쥬 쁘 부아 쏠라?

● 저것 좀 보여 주세요.
Montrez-moi cela, s'il vous plaît?
몽트레-무아 쏠라, 씰 부 쁠래?

● 이거 입어봐도 되나요?
Est-ce que je peux l'essayer?
에-스 끄 쥬 쁘 레쎄이예?

● 좀 더 작은 것이 있나요?
Vous avez la taille au-dessous?
부 자베 라 따이 오-드쑤?

다른 물건을 찾을 때

● 다른 것은 없어요?
C'est tout ce que vous avez?
쎄 뚜 스 끄 부 자베?

● 다른 것을 보여 주세요.
Montrez-m'en un autre.
몽트레-망 앵 오트르.

● 좀 더 큰 것을 보여주시겠어요?
Montrez-moi la taille au-dessus.
몽트레-무아 라 따이 오-드쒸.

● 이 제품으로 다른 치수는 없어요?
Est-ce que cet article a une autre taille?
에-스 끄 악띠끌 아 윈 오트르 따이?

물건을 사지 않고 나올 때

● 좀 더 둘러보고 올게요.　**Je reviendrai plus tard.**
쥬 르비앙드래 쁠뤼 따르.

● 다음에 다시 올게요.　**Je reviendrai un autre jour.**
쥬 르비앙드래 앵 오트르 주르.

● 제가 찾던 것이 아니에요.　**Ce n'est pas ce que je cherchais.**
쓰 네 빠 스 끄 쥬 쉑쉐.

● 미안합니다만 마음에 들지 않아요.　**Pardon, cela ne me plaît pas.**
빠르동, 쏠라 느 므 쁠래 빠.

품질에 대해 물을 때

● 이것은 수제품인가요?　**C'est fait à la main?**
쎄 패 알 라 맹?

● 품질은 좋은가요?　**Il est de qualité?**
일 에 드 깔리떼?

● 품질이 나쁘네요.　**Il est de mauvaise qualité.**
일 에 드 모배즈 깔리떼.

● 재질은 무엇인가요?　**C'est fait en quoi?**
쎄 패 앙 꾸와?

가격을 물을 때

● 얼마예요?　**ça coûte combien?**
싸 꾸뜨 꼼비앵?

● 그거 얼마예요?　**Combien est-ce?**
꼼비앵 에-쓰?

● 몇 퍼센트 할인해요?　**Quel est le taux de réduction?**
껠레 르 또 드 레뒥씨옹?

● 세일은 언제부터 하나요?　**Quand les soldes commencent?**
깡 레 쏠드 꼬망쓰?

공공기관에서 Dans l'organisme public

공공기관에서 쓰는 표현 Best 3

◎ 배가 아파요.
J'ai mal au ventre.
줴 말 오 방트르.

◎ 여기에서 환전할 수 있나요?
Est-ce que je peux changer de l'argent ici?
에-스 끄 쥬 쁘 샹줴 드 라장 이씨?

◎ 보통 우편으로 보내 주세요.
Je voudrais envoyer ceci par courrier ordinaire.
쥬 부드래 앙부와예 쓰씨 빠 꾸리에 올디내르.

기본단어

소포	**colis** 꼴리	우표	**timbre** 땅브르
우체통	**boîte aux lettres** 부와뜨 오 레트르	우편 요금	**tarif postal** 따리프 뽀스딸
보통 우편	**courrier ordinaire** 꾸리에 올디내르	지폐	**billet** 비예
동전	**monnaie** 모내	신용카드	**carte bancaire** 꺅뜨 방깨르
신분증	**carte d'identité** 꺅뜨 디당띠떼	환율	**taux de change** 또 드 샹쥬
환전 수수료	**commission** 꼬미씨옹	현금 자동 지급기	**guichet automatique** 기셰 오또마띠끄
입금하다	**déposer** 데뽀제	출금하다	**retirer de l'argent** 르띠레 드 라장
서명	**signature** 씨냐뛰르	잔고	**balance** 발랑스

126

공공기관에서 많이 쓰는 **핵심표현**

우체국을 찾을 때

◎ 우체국은 어디에 있나요? **Où se trouve le bureau de poste?**
우 쓰 트루브 르 뷔로 드 뽀스뜨?

◎ 우표는 어디서 사나요? **Où est-ce qu'on achète le timbre?**
우 에-스 꽁 아셰뜨 르 땡브르?

◎ 우체통은 어디에 있나요? **Où se trouve la boîte aux lettres?**
우 쓰 트루브 라 부와뜨 오 레트르?

편지를 보낼 때

◎ 우표를 사고 싶은데요. **Je voudrais acheter un timbre.**
쥬 부드래 아슈떼 앵 땡브르.

◎ 이거 우편요금이 얼마예요? **C'est combien pour envoyer celle-ci?**
쎄 꼼비앙 뿌 앙부와예 쎌-씨?

◎ 보통 우편으로 보내 주세요. **Je voudrais envoyer cette lettre par courriel ordinaire.**
쥬 부드래 앙부와예 쎗뜨 레트르 빠 꾸리엘 올디내르.

소포를 보낼 때

◎ 이 소포를 한국에 보내고 싶어요. **Je voudrais envoyer ce colis en Corée du Sud.**
쥬 부드래 앙부와예 쓰 꼴리 앙 꼬레 뒤 쒸드.

◎ 이것을 보내는 데 얼마예요? **C'est combien pour expédier ce colis?**
쎄 꼼비앙 뿌 엑쓰뻬디에 쓰 꼴리?

◎ 소포용 박스가 있어요? **Est-ce que vous avez des paquets colis?**
에-스 끄 부 자베 데 빠께 꼴리?

127

은행에서

○ 통장을 만들고 싶어요.　**Je voudrais ouvrir un compte bancaire.**
쥬 부드래 우브리르 앵 꽁뜨 방깨르.

○ 현금 카드를 만들어 주세요.　**Je voudrais obtenir une carte prépayée.**
쥬 부드래 옵뜨니르 윈 꺅뜨 프레뻬이예.

○ 입금하려고요.　**Je voudrais déposer de l'argent.**
쥬 부드래 데뽀제 드 라장.

○ 계좌 이체를 하고 싶습니다.　**Je voudrais faire un virement.**
쥬 부드래 패르 앵 비르망.

○ 백 달러를 찾고 싶어요.　**Je voudrais retirer 100 dollars.**
쥬 부드래 르띠레 쌍 돌라.

환전할 때

○ 여기에서 환전할 수 있나요?　**Est-ce que je peux changer de l'argent ici?**
에-스 끄 쥬 쁘 샹줴 드 라장 이씨?

○ 어디에서 환전하나요?　**Où est-ce que je peux chager de l'argent?**
우 에-스 끄 쥬 쁘 샹줴 드 라장?

○ 원화를 미국 달러로 바꾸고 싶어요.　**Je voudrais changer le won sud-coréen en dollars.**
쥬 부드래 샹줴 르 원 쒸드-꼬레앙 앙 돌라.

○ 오늘 환율은 어떻게 되죠?　**Quel est le taux de change?**
껠레 르 또 드 샹쥬?

카드에 문제가 있을 때

○ 카드를 분실했어요.　**J'ai perdu ma carte bancaire.**
줴 뻬르뒤 마 꺅뜨 방깨르.

○ 카드를 정지해 주시겠어요?　**Veuillez faire opposition à ma carte bancaire, s'il vous plaît.**
뵈이예 패르 오뽀지씨옹 아 마 꺅뜨 방깨르, 씰 부 쁠래.

○ 현금 자동 인출기에서 카드가 안 빠져요.　**La carte est avalée au distributeur.**
라 꺅뜨 에 따발레 오 디스트리뷔뙤르.

도서관에서

◉ 무엇을 도와 드릴까요?
Est-ce que je peux vous aider?
에-스 끄 쥬 쁘 부 재데?

◉ 모비 딕을 찾고 있어요.
Je cherche Moby Dick.
쥬 쉑슈 모비 딕.

◉ 이 책이 있는지 확인해 주세요.
Pouvez-vous me trouver ce livre?
뿌베-부 므 트루베 쓰 리브르?

◉ 책을 빌리려면 회원 카드가 필요해요?
Il faut posséder la carte de bibliothèque pour emprunter des livres?
일 포 뽀쎄데 라 꺅뜨 드 비블리오떼끄 뿌 앙프랑떼 데 리브르?

◉ 도서관 회원 카드가 없어요.
Je n'ai pas la carte de bibliothèque.
쥬 내 빠 라 꺅뜨 드 비블리오떼끄.

병원에서

◉ 진찰을 받고 싶어요.
Je veux aller chez le médecin.
쥬 브 알레 쉐 르 메드쌩.

◉ 배가 아파요.
J'ai mal au ventre.
줴 말 로 방트르.

◉ 어디가 아프세요?
Qu'est-ce qui ne va pas?
께-스 끼 느 바 빠?

◉ 언제쯤 결과를 알 수 있어요?
Quand est-ce que je peux obtenir le résultat?
깡 떼-스 끄 쥬 쁘 옵뜨니르 르 레쥘따?

◉ 입원해야 해요?
Dois-je être hospitalisé?
두와-쥬 에트르 오스삐딸리제?

미용실에서

◉ 파마를 하고 싶어요.
Je voudrais me faire faire une permanente.
쥬 부드래 므 패르 패르 윈 뻬르마낭뜨.

◉ 다듬기만 해 주세요.
Je voudrais simplement rafraîchir les pointes.
쥬 부드래 쌩쁠르망 라프레쉬르 레 뿌앙뜨.

◉ 헤어스타일을 바꾸고 싶어요.
Je voudrais changer de coiffure.
쥬 부드래 상줴 드 꾸와퓌르.

문제가 생겼을 때 Les problèmes

문제가 생겼을 때 쓰는 표현 Best 3

◎ 좀 더 천천히 말씀해 주세요. **Parlez plus lentement s'il vous plaît.**
빠를레 쁠뤼 랑뜨망 씰 부 쁠래.

◎ 긴급 상황입니다. **C'est urgent.**
쎄 뛰흐쟝.

◎ 구급차를 불러 주세요. **Appelez une ambulance s'il vous plaît.**
아쁠레 윈 앙뷜랑쓰 씰 부 쁠래.

기본단어

응급 상황	**urgence** 윌쟝쓰		화장실	**toilettes** 뚜알렛
병원	**hôpital** 오삐딸		약국	**pharmacie** 파마씨
경찰서	**commissariat** 꼬미싸리아		통역사	**interprète** 앵떼르프레뜨
소매치기	**vol à la tire** 볼 알 라 띠르		도둑	**voleur** 볼뢰르
두통	**mal de tête** 말 드 떼뜨		치통	**mal de dents** 말 드 당
복통	**mal de ventre** 말 드 방트르		고통	**douleur** 둘뢰르
데다	**se brûler** 스 브뤌레		삐다	**se fouler** 스 풀레
부러지다	**se casser** 스 까쎄		처방전	**ordonnance** 오르도낭쓰

문제가 생겼을 때 많이 쓰는 핵심표현

의사소통이 되지 않을 때

◎ 영어를 할 줄 몰라요.　　　**Je ne peux pas parler l'anglais.**
쥬 느 쁘 빠 빠를레 랑글래.

◎ 영어를 잘 못해요.　　　**Je ne parle pas bien l'anglais.**
쥬 느 빠를르 빠 비앵 랑글래.

◎ 영어로 설명할 수 없어요.　　　**Je ne peux pas expliquer en anglais.**
쥬 느 쁘 빠 엑스쁠리께 앙 앙글래.

◎ 좀 더 천천히 말씀해 주세요.　　　**Parlez plus lentement s'il vous plaît.**
빠를레 쁠뤼 랑뜨망 씰 부 쁠래.

통역을 부탁할 때

◎ 한국어 하는 사람 있나요?　　　**Y-a-t-il quelqu'un qui parle le coréen?**
이-야-띨 껠깽 끼 빠를 르 꼬레앙?

◎ 한국인 통역사를 불러 주세요.　　　**J'ai besoin d'un interprète coréen.**
줴 부좡 댕 앵떼르프레뜨 꼬레앙.

◎ 한국인 통역사를 불러주시겠어요?　　　**Applez un interprète coréen, s'il vous plaît?**
아쁠레 앵 앵떼르프레뜨 꼬레앙, 씰 부 쁠래?

곤경에 처했을 때

◎ 어떻게 하면 좋죠?　　　**Qu'est-ce que je dois faire?**
께-스 끄 쥬 두와 패르?

◎ 심각한 문제가 생겼어요.　　　**J'ai un gros problème.**
줴 앵 그로 프로블렘.

◎ 지금 곤경에 처했어요.　　　**Je suis en difficulté.**
쥬 쒸 장 디피뀔떼.

131

유실물 센터는 어디인가요?　　Où est le bureau des objets trouvés?
우 에 르 뷔로 데 죠브제 트루베?

아무리 찾아도 없어요.　　Je ne peux pas le trouver nulle part.
쥬 느 쁘 빠 르 트루베 뉠 빠.

어디서 잃어버렸는지 모르겠어요.　　Je ne sais pas où j'ai perdu cela.
쥬 느 쌔 빠 우 줴 뻬르뒤 쓸라.

무엇을 잃어 버렸나요?　　Qu'est-ce que vous avez perdu?
께-스끄 부자베 뻬르뒤?

도와 주세요!　　Au secours!
오 스꾸!

누구 없어요?　　Il y a quelqu'un?
일 이 야 껠껭?

경찰을 불러 주세요.　　Applez la police, s'il vous plaît.
아쁠레 라 뽈리스, 씰 부 쁠래.

알았으니 해치지 마세요.　　Ne me faites pas de mal.
느 므 패뜨 빠 드 말.

도난 신고를 하고 싶어요.　　Je veux signaler un vol.
쥬 브 씨냘레 앵 볼.

제 여권을 도난당했어요.　　On m'a volé mon passeport.
옹 마 볼레 몽 빠쓰뽀르.

지금 한국 대사관으로 연락해 주세요.　　S'il vous plaît, appelez
l'Ambassade de Corée.
씰 부 쁠레, 아쁠레 랑바싸드 드 꼬레.

찾으면 한국으로 보내 주세요.　　Si vous trouvez mon passeport, envoyez
le en Corée du Sud, s'il vous plaît.
씨 부 트루베 몽 빠쓰뽀르, 앙봐예 르 앙 꼬레 뒤 쒸드, 씰 부 쁠래.

사고를 당했을 때

● 의사를 불러 주세요.
Applez le docteur, s'il vous plaît.
아쁠레 르 독뙤르, 씰 부 쁠래.

● 진료를 받고 싶은데요.
Je voudrais aller chez le médecin.
쥬 부드래 알레 쉐 르 메드쌩.

● 제 친구가 교통 사고를 당했어요.
Mon copain a eu un accident de voiture.
몽 꼬뺑 아 으 앵 악씨당 드 봐뛰르.

● 친구가 차에 치었어요.
Mon copain a été heurté par une voiture.
몽 꼬뺑 아 에떼 외르떼 빠 윈 봐뛰르.

● 그를 병원으로 데려가 주시겠어요?
Emmenez-le à l'hôpital, s'il vous plaît?
앙므네-뤼 알 로삐딸, 씰 부 쁠래?

몸이 좋지 않을 때

● 몸이 아파요.
Je suis malade.
쥬 쒸 말라드.

● 멀미가 나요.
J'ai le mal de mer.
줴 르 말 드 메르.

● 몸이 좋지 않아요.
Je me sens malade.
쥬 므 쌍 말라드.

● 몸 상태가 이상해요.
Je ne me sens pas bien.
쥬 느 므 쌍 빠 비앵.

약국에서

● 처방전이 있어요?
Vous avez une ordonnance?
부 자베 윈 오르도낭쓰?

● 이 처방전 약을 주세요.
Donnez-moi des médicaments priscrit sur cette ordonnance, s'il vous plaît.
도네-무아 데 메디꺄망 프리스크리 쒸르 쎄뜨 오르도낭쓰, 씰 부 쁠래.

● 이 약의 복용법을 알려 주세요.
Comment je prend ce médicament?
꼬망 쥬 프랑 쓰 메디꺄망?

● 부작용이 있나요?
Est-ce qu'il y a des effets scondaires?
에-스 낄리야 데 제페 스공대르?

133

귀국할 때 Retourner dans son pays

귀국할 때 쓰는 표현 Best 3

◎ 인천행을 예약하고 싶어요. **Je voudrais réserver une place sur le vol pour Incheon.**
쥬 부드래 레제르베 윈 쁠라쓰 쒸르 르 볼 뿌 인천.

◎ 예약을 확인하고 싶어요. **Je voudrais confirmer la réservation.**
쥬 부드래 꽁피르메 라 레제르바씨옹.

◎ 예약을 변경하고 싶어요. **Je voudrais changer ma réservation.**
쥬 부드래 샹줴 마 레제르바씨옹.

기본단어

예약하다	**réserver** 레제르베	탑승객	**passager** 빠싸줴
확인하다	**confirmer** 꽁피르메	재확인하다	**reconfirmer** 르꽁피르메
취소하다	**annuler** 아뉠레	대한항공 카운터	**comptoir d'enregistrement Korean Air** 꽁뚜와 당흐지스트라망 코리안에어
면세점	**boutique hors-taxes** 부띠끄 오르 딱쓰	면세	**hors-taxes** 오르 딱쓰
탑승권	**carte d'embarquement** 꺄르뜨 당바끄망	수하물	**bagage** 바가쥬
기내 휴대용 가방	**bagage cabine** 바가쥬 꺄빈	수하물을 부치다	**envoyer** 앙부아에
입국 신고서	**carte d'immigration** 꺄르뜨 디미그라씨옹	신고하다	**déclarer** 데끌라레
세관 신고서	**déclaration en douane** 데끌라하씨옹 앙 두안	무게 제한	**limite de poids** 리미뜨 드 뿌와

귀국할 때 많이 쓰는 핵심표현

귀국 편을 예약할 때

○ 인천행을 예약하고 싶어요.
Je voudrais réserver une place sur le vol pour Incheon.
쥬 부드래 레제르베 윈 쁠라쓰 쒸르 르 볼 뿌 인천.

○ 7월 16일 인천행 항공편이 있나요?
Est-ce qu'il y a un vol vers Incheon le 16 juillet?
에-스 낄 리 야 앵 볼 베르 인천 르 쎄즈 쥬이예?

○ 대기자 명단에 올려 주세요.
Inscrivez-moi sur la liste d'attente, s'il vous plaît.
앵스크리베-무아 쒸르 라 리스트 다땅뜨, 씰 부 쁠래.

예약을 확인할 때

○ 예약을 확인하고 싶어요.
Je voudrais confirmer ma réservation.
쥬 부드래 꽁피르메 마 레제르바씨옹.

○ 한국에서 예약했어요.
J'ai fait ma réservation en Corée du Sud.
줴 패 마 레제르바씨옹 앙 꼬레 뒤 쒸드.

○ 예약이 확인됐습니다.
Votre réserevation a été confirmée.
보트르 레제르바씨옹 아 에떼 꽁피르메.

예약을 변경할 때

○ 예약을 변경하고 싶어요.
Je voudrais changer de réservation.
쥬 부드래 샹줴 드 레제르바씨옹.

○ 금연석으로 바꿀 수 있나요?
Est-ce que je peux m'asseoir en espace non-fumeur?
에-스 끄 쥬 쁘 마쑤아 앙 에스빠스 농-퓨뫼?

○ 7월 1일로 바꿔 주세요.
Je voudrais changer le vol pour partir le premier juillet, s'il vous plaît.
쥬 부드래 샹줴 르 볼 뿌 빠르띠르 르 프르미에 쥬이예 씰 부 쁠래.

예약을 취소할 때

● 예약을 취소해 주세요. **S'il vous plaît, annulez ma réservation.**
씰 부 쁠래, 아뉠레 마 레제르바씨옹.

● 예약을 취소하고 싶어요. **Je voudrais annuler ma réservation.**
쥬 부드래 아뉠레 마 레제르바씨옹.

● 예약을 취소할 수 있나요? **Est-ce qeu je peux annuler la réservation?**
에-스 끄 쥬 쁘 아뉠레 라 레제르바씨옹?

● 죄송하지만 예약을 취소해야겠습니다. **Je suis désolé, je dois annuler ma réservation.**
쥬 쒸 데졸레, 쥬 두와 아뉠레 마 레제르바씨옹.

공항으로 갈 때

● 히스로 공항으로 가 주세요. **L'aéroport Heathrow, s'il vous plaît.**
라에오포르 이드로, 씰 부 쁠래.

● 빨리 가 주세요. 늦었어요. **S'il vous plaît, dépêchez-vous, je suis en retard.**
씰 부 쁠래, 데뻬쉐-부, 쥬 쒸 쟝 르따르.

● 공항까지 얼마나 걸릴까요? **On met combien de temps jusqu'à l'aéroport?**
옹 메 꼼비앵 드 땅 쥐스꺄 라에오포르?

● 공항까지 택시 요금이 얼마인가요? **Combien coûte un taxi jusqu'à l'aéroport?**
꼼비앵 꾸뜨 앵 딱씨 쥐스꺄 라에로포르?

탑승 수속을 할 때

● 탑승 수속은 어디서 하나요? **Où se fait l'enregistrement?**
우 스 패 랑흐지스트르망?

● 짐을 여기에 놓아도 되나요? **Je peux mettre la valise ici?**
쥬 쁘 메트르 라 발리즈 이씨?

● 창가쪽으로 주세요. **Un siège côté fenêtre, s'il vous plaît.**
앵 씨에쥬 꼬떼 프내트르, 씰 부 쁠래.

● 친구와 같은 좌석으로 주세요. **Je voudrais m'asseoir à côté de
mon compagnon.**
쥬 부드래 마쑤와 아 꼬떼 드 몽 꽁빠뇽.

136

수하물을 접수할 때

◎ 맡길 짐이 있나요? **Est-ce que vous avez des bagages?**
에 -스 끄 부 자베 데 바갸쥬?

◎ 가방을 맡길게요. **Je vais enregistrer la valise.**
쥬 배 앙흐지스트레 라 발리즈.

◎ 이것은 기내에 가지고 들어가도 되나요? **Est-ce que je peux emporter ce bagage dans l'avion?**
에-스 끄 쥬 쁘 앙뽀르떼 쓰 바가쥬 당 라비옹?

◎ 무게 제한이 얼마인가요? **Quel est la limite de poids?**
껠레 라 리미뜨 드 뿌와?

공항 면세점에서

◎ 면세점은 어디 있나요? **Où se trouve la boutique hors-taxes?**
우 쓰 트루브 라 부띠끄 오르-딱쓰?

◎ 한국 돈 받으시나요? **Je peux payer en monnaie coréenne?**
쥬 쁘 빼이예 앙 모내 꼬레엔?

◎ 미국 달러만 받습니다. **Nous acceptons seulement le US dollar.**
누 작쎕똥 썰르망 르 유에스 돌라.

◎ 한국에 가지고 들어갈 수 있나요? **Est-ce que je peux emporter ceci en Corée du Sud?**
에-스 끄 쥬 쁘 앙뽀떼 쓰씨 앙 꼬레 뒤 쉬드?

귀국 편 기내에서

◎ 식사는 언제 나와요? **Quand est-ce qu'on sert le repas?**
깡 떼-스꽁 쎄르 르 르빠?

◎ 기내 면세품을 사고 싶어요. **Je voudrais acheter des articles hors-taxes.**
쥬 부드래 아슈떼 데 작띠클 오르-딱쓰.

◎ 입국 카드 작성법을 알려 주세요. **Indiquez-moi comment rédiger la carte d'immigration.**
앵디께-무아 꼬망 레디제 라 꺅뜨 디미그라씨옹.

◎ 인천에 제 시간에 도착하나요? **Est-ce que nous arriverons à Incheon à l'heure?**
에-스 끄 누 자리브롱 아 인천 아 뢰르?

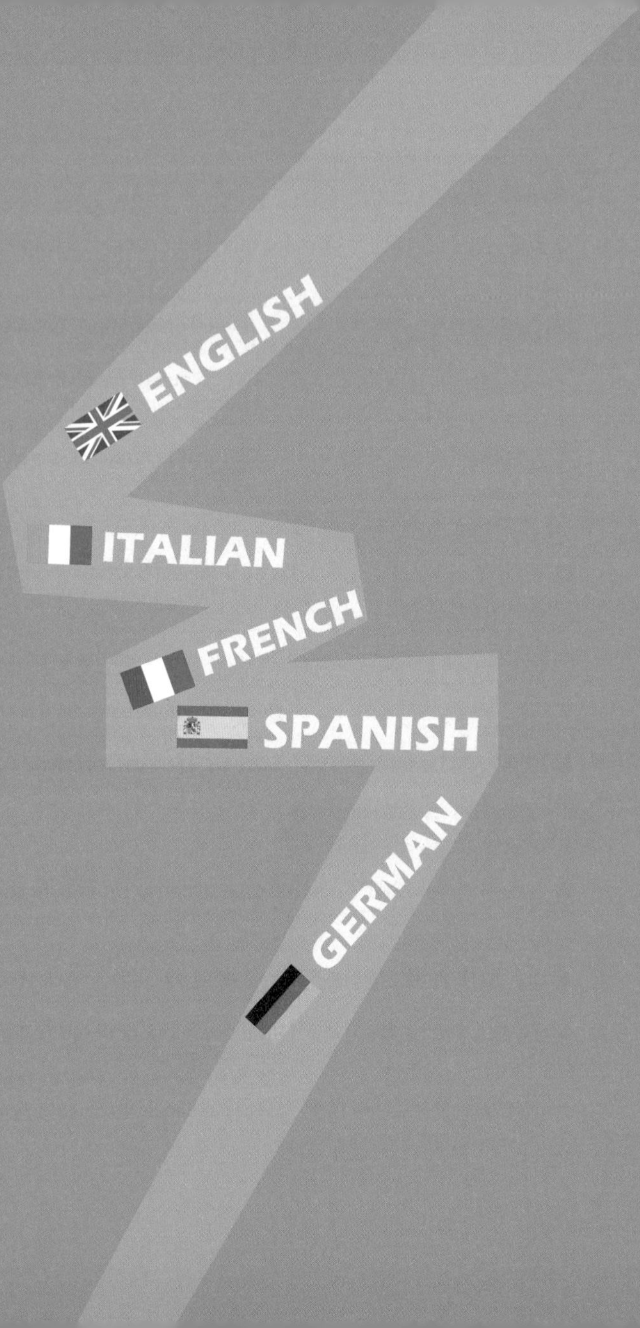
ENGLISH
ITALIAN
FRENCH
SPANISH
GERMAN

SPANISH

기내에서 En el avión

기내에서 쓰는 표현 Best 3

◎ 제 좌석은 어디죠?　　**¿Dónde está mi asiento?**
돈데 에스따 미 아씨엔또?

◎ 닭고기 주세요.　　**Pollo, por favor.**
뽀요, 뽀르 파보르.

◎ 담요 한장 주시겠어요?　　**¿Podría traerme una manta, por favor?**
뽀드리아 뜨라에르메 우나 만따, 뽀르 파보르?

기본단어

여권	**pasaporte** 빠싸뽀르떼	탑승권	**tarjeta de embarque** 따르헤따 데 엠바르께
비자	**visa** 비싸	1등석	**primera clase** 쁘리메라 끌라쎄
비즈니스석	**clase ejecutiva** 끌라쎄 에헤꾸띠바	일반석	**clase turista** 끌라쎄 뚜리스따
기장	**capitán** 까삐딴	창가 쪽 좌석	**asiento de ventanilla** 아씨엔또 데 벤따니야
통로 쪽 좌석	**asiento de pasillo** 아씨엔또 데 빠씨요	식사 테이블	**bandeja** 반데하
기내 화장실	**baño** 바뇨	비어있음	**vacío** 바씨오
사용 중	**ocupado** 오꾸빠도	입국카드	**formulario de declaración de llegada** 포르물라리오 데 데끌라라씨온 데 예가다
담요	**manta** 만따	헤드폰	**auriculares** 아우리꿀라레스

기내에서 많이 쓰는 핵심표현

자리를 찾을 때

◎ 제 좌석은 어디죠?
¿Dónde está mi asiento?
돈데 에스따 미 아씨엔또?

◎ 33A는 어디예요?
¿Dónde está el 33A?
돈데 에스따 엘 뜨레인따 이 뜨레스 아?

◎ 제 자리 찾는 것을
도와주시겠어요?
¿Podría ayudarme a encontrar mi asiento?
뽀드리아 아유다르메 아 엔꼰뜨라르 미 아씨엔또?

자리를 바꾸고 싶을 때

◎ 친구랑 제 좌석이 떨어져 있어요.
El asiento de mi amigo y el mío no están juntos.
엘 아씨엔또 데 미 아미고 이 엘 미오 노 에스딴 훈또스.

◎ 좌석을 바꿀 수 있을까요?
¿Puedo cambiar de asiento?
뿌에도 깜비아르 데 아씨엔또?

◎ 제 자리와 바꿀 수 있을까요?
¿Puede cambiar de asiento conmigo?
뿌에데 깜비아르 데 아씨엔또 꼰미고?

좌석이 불편할 때

◎ 좌석을 뒤로 눕혀도 될까요?
¿Puedo reclinar mi asiento?
뿌에도 레끌리나르 미 아씨엔또?

◎ 좌석을 차지 말아 주세요.
Por favor, deje de patear el asiento.
뽀르 파보르, 데헤 데 빠떼아르 엘 아씨엔또.

◎ 좌석을 앞으로 좀 당겨 주시겠어요?
¿Puede levantar un poco el asiento?
뿌에데 레반따르 운 뽀꼬 엘 아씨엔또?

식사를 주문할 때

◎ 닭고기 주세요.
Pollo, por favor.
뽀요, 뽀르 파보르.

◎ 소고기 주세요.
Carne de res, por favor.
까르네 데 레스, 뽀르 파보르.

◎ 고추장 있어요?
¿Tiene pasta de chile?
띠에네 빠스따 데 칠레?

◎ 이것으로 부탁합니다.
Voy a comer esto.
보이 아 꼬메르 에스또.

음료를 주문할 때

◎ 오렌지 주스 있어요?
¿Tiene jugo de naranja?
띠에네 후고 네 나랑하?

◎ 커피 좀 주세요.
Deme un café, por favor.
데메 운 까페, 뽀르 파보르.

◎ 시원하게 마실 것을 주시겠어요?
¿Podría traerme algo frío para beber?
뽀드리아 뜨라에르메 알고 프리오 빠라 베베르?

◎ 물 한잔 주세요.
Deme un vaso de agua, por favor.
데메 운 바소 데 아구아, 뽀르 파보르.

화장실에 가고 싶을 때

◎ 실례지만, 화장실이 어디 있어요?
Disculpe, ¿dónde está el baño?
디스꿀뻬, 돈데 에스따 엘 바뇨?

◎ 지금 화장실에 가도 될까요?
¿Puedo ir al baño ahora?
뿌에도 이르 알 바뇨 아오라?

◎ 화장실에 휴지가 없어요.
No hay papel higiénico en el baño.
노 아이 빠뻴 이히에니꼬 엔 엘 바뇨.

◎ 화장실이 어디에요?
(어디에서 손을 닦을 수 있죠?)
¿Dónde está el baño?
돈데 에스따 엘 바뇨?

필요한 물건을 달라고 할 때

◎ 담요 한장 주시겠어요?
¿Podría traerme una manta?
뽀드리아 뜨라에르메 우나 만따?

◎ 읽을 것 좀 주시겠어요?
¿Podría traerme algo para leer?
뽀드리아 뜨라에르메 알고 빠라 레에르?

◎ 수면용 안대를 갖다 주실 수 있나요?
¿Podría traerme un antifaz para dormir?
뽀드리아 뜨라에르메 운 안띠파스 빠라 도르미르?

◎ 한국어 신문이 있나요?
¿Tiene algún periódico coreano?
띠에네 알군 뻬리오디꼬 꼬레아노?

도착에 관해서 물을 때

◎ 예정대로 도착하나요?
¿Llega a tiempo el avión?
예가 아 띠엠뽀 엘 아비온?

◎ 런던은 몇 시에 도착하나요?
¿A qué hora llegamos a Londres?
아 께 오라 예가모스 아 론드레스?

◎ 얼마나 지연될까요?
¿Cuánto tiempo se retrasará?
꾸안또 띠엠뽀 세 레뜨라싸라?

◎ 도착 시간은 언제인가요?
¿Cuál es la hora de llegada?
꾸알 에스 라 오라 데 예가다?

입국 신고서 작성할 때

◎ 이 서류 쓰는 법을 가르쳐 주시겠어요?
¿Cómo puedo llenar este formulario?
꼬모 뿌에도 예나르 에스떼 포르물라리오?

◎ 여기에는 무엇을 쓰는 건가요?
¿Qué debo escribir aquí?
께 데보 에스끄리비르 아끼?

◎ 제 입국 신고서를 봐주시겠어요?
¿Podría revisar mi formulario de declaración de llegada?
뽀드리아 레비싸르 미 포르물라리오 데 데끌라라씨온 데 예가다?

◎ 입국 신고서 작성을 도와주세요.
Por favor, ayúdeme a llenar el formulario de declaración de llegada.
뽀르 파보르, 아유데메 아 예나르 엘 포르물라리오 데 데끌라라씨온 데 예가다

공항에서 En el aeropuerto

공항에서 쓰는 표현 Best 3

◎ 어디에서 오셨나요?
¿De dónde es usted?
데 돈데 에스 우스뗃?

◎ 직업이 무엇인가요?
¿A qué se dedica usted?
아 께 세 데디까 우스뗃?

◎ 방문 목적이 무엇인가요?
¿Cuál es el motivo de su visita?
꾸알 에스 엘 모띠보 데 수 비씨따?

기본단어

항공사	**aerolínea** 아에로리네아		출발	**salida** 살리다
도착	**llegada** 예가다		환승하다	**hacer transbordo** 아쎄르 뜨란스보르도
보안 검색	**control de seguridad** 꼰뜨롤 데 세구리닫		수하물 찾는 곳	**banda de equipaje** 반다 데 에끼빠헤
탑승 수속대	**mostrador de check-in** 모스뜨라도르 데 첵인		탑승 대기실	**sala de embarque** 살라 데 엠바르께
탑승구	**puerta de embarque** 뿌에르따 데 엠바르께		입국 심사	**inmigración** 인미그라씨온
세관	**aduana** 아두아나		무관세	**libre de impuestos** 리브레 데 임뿌에스또스
신고하다	**declarar** 데끌라라르		목적지	**destino** 데스띠노
유실물 취급소	**oficina de objetos perdidos** 오피씨나 데 오브헤또스 뻬르디도스		환전	**cambio de dinero** 깜비오 데 디네로

공항에서 많이 쓰는 핵심표현

탑승에 대해 물을 때

◎ 몇 시에 탑승 시작하나요? **¿A qué hora empieza el embarque?**
아 께 오라 엠삐에싸 엘 엠바르께?

◎ 몇 번 게이트로 가야 하나요? **¿A qué puerta debo ir?**
아 께 뿌에르따 데보 이르?

◎ 이거 기내에 가지고 탑승해도 되나요? **¿Puedo llevarlo en el avión?**
뿌에도 예바를로 엔 엘 아비온?

직업을 물어볼 때

◎ 직업이 무엇인가요? **¿A qué se dedica usted?**
아 께 세 데디까 우스뗃?

◎ 직업이 무엇인가요? **¿A qué se dedica usted?**
아 께 세 데디까 우스뗃?

◎ 무슨 일을 하시나요? **¿En qué trabaja usted?**
엔 께 뜨라바하 우스뗃?

직업을 말할 때

◎ 저는 사업을 해요. **Soy empresario.**
소이 엠쁘레싸리오.

◎ 저는 회사원이에요. **Soy empleado de una compañía.**
소이 엠쁠레아도 데 우나 꼼빠니아.

◎ 저는 주부예요. **Soy ama de casa.**
소이 아마 데 까싸.

145

◎ 여권을 보여 주세요. **¿Podría ver su pasaporte, por favor?**
뽀드리아 베르 수 빠싸뽀르떼, 뽀르 파보르?

◎ 어디에서 오셨나요? **¿De dónde es usted?**
데 돈데 에스 우스뗄?

◎ 한국에서 왔어요. **Soy de Corea.**
소이 데 꼬레아.

◎ 방문 목적이 무엇인가요? **¿Cuál es el motivo de su visita?**
꾸알 에스 엘 모띠보 데 수 비씨따?

◎ 관광입니다. **Turismo.**
뚜리스모.

◎ 휴가 차 왔어요. **Estoy aquí de vacaciones.**
에스또이 아끼 데 바까씨오네스.

◎ 얼마나 머무실 건가요? **¿Cuánto tiempo va a quedarse?**
꾸안또 띠엠뽀 바 아 께다르쎄?

◎ 일주일 정도요. **Más o menos, una semana.**
마스 오 메노스, 우나 쎄마나.

◎ 어디에서 숙박하실 건가요? **¿Dónde va a quedarse?**
돈데 바 아 께다르쎄?

◎ 힐튼 호텔에서 묵을 겁니다. **Voy a quedarme en el Hotel Hilton.**
보이 아 께다르메 엔 엘 오뗄 힐똔.

◎ 돌아가는 항공권을 보여 주세요. **Déjeme ver su billete de regreso, por favor.**
데헤메 베르 수 비예떼 데 레그레쏘, 뽀르 파보르.

◎ 짐은 어디에서 찾나요? **¿Dónde puedo recoger mi equipaje?**
돈데 뿌에도 레꼬헤르 미 에끼빠헤?

◎ 제 수하물은 어디에서 찾을 수 있죠? **¿Dónde puedo recoger mi equipaje?**
돈데 뿌에도 레꼬헤르 미 에끼빠헤?

◎ 제 짐이 보이지 않아요. **No puedo encontrar mi equipaje.**
노 뿌에도 엔꼰뜨라르 미 에끼빠헤.

◎ 제 가방이 보이지 않아요. **No puedo encontrar mi maleta.**
노 뿌에도 엔꼰뜨라르 미 말레따.

146

세관을 통과할 때

◎ 여권과 세관 신고서를 주세요. **Su pasaporte y su tarjeta de declaración de aduanas, por favor.**
수 빠싸뽀르떼 이 수 따르헤따 데 데끌라라씨온 데 아두아나스, 뽀르 파보르.

◎ 세관 신고서를 보여 주시겠습니까? **¿Podría ver su tarjeta de declaración de aduanas?**
뽀드리아 베르 수 따르헤따 데 데끌라라씨온 데 아두아나스?

◎ 세관 신고할 물건이 있나요? **¿Hay algo que declarar?**
아이 알고 께 데끌라라르?

◎ 아니 없습니다. **No, no hay.**
노 노 아이.

환승할 때

◎ 저는 런던행 환승객입니다. **Soy pasajero en tránsito hacia Londres.**
소이 빠싸헤로 엔 뜨란씨또 아씨아 론드레스.

◎ 갈아타는 곳이 어디인가요? **¿Dónde está el lugar de transbordo?**
돈데 에스따 엘 루가르 데 뜨란스보르도?

◎ 경유시간은 얼마나 되나요? **¿Cuánto dura la escala?**
꾸안또 두라 라 에스깔라?

◎ 시드니행 환승 비행기를 놓쳤어요. **Perdí mi vuelo de conexión a Sydney.**
뻬르디 미 부엘로 데 꼬넥씨온 아 씨드니.

환전할 때

◎ 환전소는 어디인가요? **¿Dónde está la casa de cambio?**
돈데 에스따 라 까싸 데 깜비오?

◎ 어디에서 환전하나요? **¿Dónde puedo cambiar dinero?**
돈데 뿌에도 깜비아르 디네로?

◎ 달러로 바꿔 주세요. **Cambie esto a dólares, por favor.**
깜비에 에스또 아 돌라레스, 뽀르 파보르.

◎ 환전을 하고 싶은데요. **Quiero cambiar dinero.**
끼에로 깜비아르 디네로.

147

숙소에서 En el hotel

숙소에서 쓰는 표현 Best 3

◎ 체크인하고 싶은데요.
Quiero hacer el check-in, por favor.
끼에로 아쎄르 엘 첵인, 뽀르 파보르.

◎ 아침 7시에 깨워 주세요.
Por favor, despiérteme a las 7 a.m.
뽀르 파보르, 데스삐에르떼메 아 라스 씨에떼 데 라 마냐나.

◎ 아침 식사 시간은 몇 시예요?
¿A qué hora se sirve el desayuno?
아 께 오라 세 씨르베 엘 데싸유노?

기본단어

입실 수속	**check-in** 첵인	퇴실 수속	**check-out** 첵아웃
예약	**reserva** 레쎄르바	보증금	**depósito** 데뽀씨또
성수기	**temporada alta** 뗌뽀라다 알따	비수기	**temporada baja** 뗌뽀라다 바하
손님	**cliente** 끌리엔떼	청구서	**billete** 비예떼
봉사료	**cargo por servicio** 까르고 뽀르 쎄르비씨오	세탁물	**ropa sucia** 로빠 쑤씨아
영수증	**recibo** 레씨보	입구	**entrada** 엔뜨라다
비상구	**salida de emergencia** 살리다 데 에메르헨씨아	예약 확인서	**confirmación** 꼰피르마씨온
숙박 카드	**tarjeta de registro** 따르헤따 데 레히스뜨로	귀중품 보관소	**caja de seguridad para artículos de valor** 까하 데 세구리닫 빠라 아르 띠꿀로스 데 발로르

숙소에서 많이 쓰는 핵심표현

체크인을 할 때

◎ 체크인하고 싶은데요. **Quiero hacer el check-in, por favor.**
끼에로 아쎄르 엘 첵인, 뽀르 파보르.

◎ 마샤 강으로 예약을 했습니다. **Tengo una reserva a nombre de Marsha Kang.**
뗑고 우나 레쎄르바 아 놈브레 데 마르샤 깡.

◎ 이것이 예약 확인증이에요. **Esta es la confirmación.**
에스따 에스 라 꼰피르마씨온.

룸이 마음에 들지 않을 때

◎ 방이 마음에 들지 않아요. **No me gusta esta habitación.**
노 메 구스따 에스따 아비따씨온.

◎ 방을 바꿔 주세요. **Me gustaría cambiar de habitación.**
메 구스따리아 깜비아르 데 아비따씨온.

◎ 경치가 좋은 방을 주시면 좋겠어요. **Me gustaría una habitación con buena vista.**
메 구스따리아 우나 아비따씨온 꼰 부에나 비스따.

모닝 콜을 부탁할 때

◎ 아침 7시에 깨워 주세요. **Por favor, despiérteme a las 7 a.m.**
뽀르 파보르, 데스삐에르떼메 아 라스 씨에떼 데 라 마냐나.

◎ 아침 7시에 모닝콜 해주세요. **Deme una llamada para despertar a las 7 a.m.**
데메 우나 야마다 빠라 데스뻬르따르 아 라스 씨에떼 데 라 마냐나.

◎ 아침 7시에 모닝콜을 걸어주시겠어요? **¿Puedo recibir una llamada para despertar a las 7 a.m.?**
뿌에도 레씨비르 우나 야마다 빠라 데스뻬르따르 아 라스 씨에떼 데 라 마냐나?

조식에 대해 문의할 때

◉ 아침 식사는 어디에서 하나요?　¿A dónde debo ir para desayunar?
아 돈데 데보 이르 빠라 데싸유나르?

◉ 아침 식사 시간은 몇 시예요?　¿A qué hora se sirve el desayuno?
아 께 오라 세 씨르베 엘 데싸유노?

◉ 아침 식사가 나오나요?　¿Se sirve el desayuno en el hotel?
세 씨르베 엘 데싸유노 엔 엘 오뗄?

◉ 조식이 포함되어 있나요?　¿Está incluido el desayuno?
에스따 인끌루이도 엘 데싸유노?

물건을 갖다 달라고 할 때

◉ 비누를 갖다 주세요.　Por favor, tráigame jabón.
뽀르 파보르, 뜨라이가메 하본.

◉ 타월을 더 주시겠어요?　¿Podría traerme más toallas?
뽀드리아 뜨라에르메 마스 또아야스?

◉ 베개를 더 갖다 주세요.　Por favor, tráigame más almohadas.
뽀르 파보르, 뜨라이가메 마스 알모아다스.

◉ 화장지를 갖다 주세요.　Por favor, tráigame papel higiénico.
뽀르 파보르, 뜨라이가메 빠뻴 이히에니꼬.

Wi-Fi에 대해 물을 때

◉ 여기 와이파이 되나요?　¿Puedo usar el Wi-Fi aquí?
뿌에도 우싸르 엘 위피 아끼?

◉ 와이파이 비밀번호 뭐예요?　¿Cuál es la contraseña del Wi-Fi?
꾸알 에스 라 꼰뜨라쎄냐 델 위피?

◉ 와이파이를 연결해 주세요.　¿Podría conectarme al Wi-Fi?
뽀드리아 꼬넥따르메 알 위피?

◉ 무료 와이파이가 있나요?　¿Tiene Wi-Fi gratuito?
띠에네 위피 그라뚜이또?

150

청소를 요청할 때

● 시트를 바꿔 주세요.   **Cambie las sábanas, por favor.**
깜비에 라스 싸바나스, 뽀르 파보르.

● 침대를 정돈해 주세요.   **Haga la cama, por favor.**
아가 라 까마. 뽀르 파보르.

● 나가 있는 동안 방을 청소해 주세요.   **Por favor, limpie mi habitación mientras estoy fuera.**
뽀르 파보르, 림삐에 미 아비따씨온 미엔뜨라스 에스또이 푸에라.

● 제 방 청소가 아직 안 되었네요.   **Mi habitación aún no está limpia.**
미 아비따씨온 아운 노 에스따 림삐아.

세탁 서비스를 받고 싶을 때

● 세탁 서비스가 있나요?   **¿Hay servicio de lavandería?**
아이 쎄르비씨오 데 라반데리아?

● 제 블라우스를 세탁해 주세요.   **Láveme mi blusa.**
라베메 미 블루싸.

● 언제 다 됩니까?   **¿Cuándo estará listo?**
꾸안도 에스따라 리스또?

● 제 세탁물은 다 되었나요?   **¿Mi ropa está lavada?**
미 로빠 에스따 라바다?

체크아웃할 때

● 체크아웃 하려고요.   **Voy a hacer el check-out.**
보이 아 아쎄르 엘 첵아웃.

● 체크아웃하고 싶은데요.   **Quiero hacer el check-out.**
끼에로 아쎄르 엘 첵아웃.

● 몇 시에 체크아웃 해야 하나요?   **¿A qué hora debo hacer el check-out?**
아 께 오라 데보 아쎄르 엘 첵아웃?

● 체크아웃은 몇 시인가요?   **¿A qué hora es el check-out?**
아 께 오라 에스 엘 첵아웃?

Unit 4 거리에서 En la calle

거리에서 쓰는 표현 Best 3

◎ 힐튼 호텔로 가 주세요.
Vamos al Hotel Hilton, por favor.
바모스 알 오뗄 힐똔, 뽀르 파보르.

◎ 거기까지 걸어갈 수 있나요?
¿Puedo ir andando hasta allí?
뿌에도 이르 안단도 아스따 아이?

◎ 박물관은 어디 있나요?
¿Dónde está el museo?
돈데 에스따 엘 무쎄오?

기본단어

인도	**acera** 아쎄라	차도	**carretera** 까레떼라
길	**calle** 까예	도로 표지판	**señal de tránsito** 세날 데 뜨란씨또
신호등	**semáforo** 세마포로	지하철 갈아타는 곳	**parada de transbordo de metro** 빠라다 데 뜨란스보르도 데 메뜨로
매표소	**taquilla** 따끼야	예정대로	**a tiempo** 아 띠엠뽀
급행열차	**tren express** 뜨렌 엑스쁘레스	편도	**un solo carril** 운 쏠로 까릴
승객	**pasajero** 빠싸헤로	왕복	**viaje de ida y vuelta** 비아헤 데 이다 이 부엘따
주의	**cuidado** 꾸이다도	위험	**peligro** 뻴리그로
주차금지	**Prohibido estacionar** 쁘로이비도 에스따씨오나르	주차장	**estacionamiento** 에스따씨오나미엔또

거리에서 많이 쓰는 핵심표현

길을 물을 때

◎ 실례합니다. 박물관에는 어떻게 가나요? **Disculpe, ¿cómo puedo llegar al museo?**
디스꿀뻬, 꼬모 뿌에도 예가르 알 무쎄오?

◎ 그곳에 어떻게 가는지 알려 주세요. **¿Cómo puedo llegar allí?**
꼬모 뿌에도 예가르 아이?

◎ 지하철까지 이 길로 가면 되나요? **¿Debo seguir este camino hasta la estación del metro?**
데보 세기르 에스떼 까미노 아스따 라 에스따씨온 델 메뜨로?

장소를 찾을 때

◎ 공중 화장실은 어디에 있어요? **¿Dónde está el baño público?**
돈데 에스따 엘 바뇨 뿌블리꼬?

◎ 박물관은 어디인가요? **¿Dónde está el museo?**
돈데 에스따 엘 무쎄오?

◎ 대형쇼핑몰은 어디인가요? **¿Dónde está el centro comercial?**
돈데 에스따 엘 쎈뜨로 꼬메르씨알?

소요 시간을 물을 때

◎ 여기에서 가까운가요? **¿Está cerca de aquí?**
에스따 쎄르까 데 아끼?

◎ 거기까지 걸어갈 수 있나요? **¿Puedo ir andando hasta allí?**
뿌에도 이르 안단도 아스따 아이?

◎ 시간이 어느 정도 걸리나요? **¿Cuánto tiempo se tarda?**
꾸안또 띠엠뽀 세 따르다?

153

길을 잃었을 때

● 길을 잃었어요. 도와 주세요.
Estoy perdido. Por favor, ayúdeme.
에스또이 뻬르디도, 뽀르 파보르, 아유네메.

● 실례합니다. 제가 지금 있는 곳이 지도에서 어디인가요?
Disculpe, ¿puede indicarme dónde estamos en este mapa?
디스꿀뻬, 뿌에데 인디까르메 돈데 에스따모스 엔 에스떼 마빠?

● 길을 잘못 들었어요. 여기가 어디예요?
Tomé el camino equivocado. ¿Dónde estamos?
또메 엘 까미노 에끼보까도, 돈데 에스따모스?

● 저는 지하철을 찾고 있어요.
Estoy buscando una estación del metro.
에스또이 부스깐도 우나 에스따씨온 델 메뜨로.

상대방이 길을 물어볼 때

● 미안합니다. 저도 모릅니다.
Lo siento. No sé, tampoco.
로 씨엔또, 노 쎄, 땀뽀꼬.

● 관광객이라 저도 잘 모릅니다.
No sé, tampoco. Soy turista.
노 쎄, 땀뽀꼬, 소이 뚜리스따.

● 다른 사람에게 물어 보시죠.
Pregúntele a otra persona.
쁘레군뗄레 아 오뜨라 뻬르쏘나.

버스를 탈 때

● 버스 정류장은 어디인가요?
¿Dónde está la parada de autobús?
돈데 에스따 라 빠라다 데 아우또부스?

● 어떤 버스가 시내로 가나요?
¿Qué autobús va al centro?
께 아우또부스 바 알 쩬뜨로?

● 버스 시간표를 주시겠어요?
¿Puedo tener un horario de autobús?
뿌에도 떼네르 운 오라리오 데 아우또부스?

● 이 버스 시내로 가나요?
¿Este autobús va al centro?
에스떼 아우또부스 바 알 쩬뜨로?

지하철을 탈 때

◎ 이 근처에 지하철역이 있나요?

¿Hay una estación del metro cerca de aquí?
아이 우나 에스따씨온 델 메뜨로 쎄르까 데 아끼?

◎ 몇 호선이 공항 가요?

¿Qué línea va al aeropuerto?
께 리네아 바 알 아에로뿌에르또?

◎ 자동 매표기는 어디 있나요?

¿Dónde está la máquina de boletos?
돈데 에스따 라 마끼나 데 볼레또스?

◎ 가장 가까운 지하철역까지 거리가 얼마나 되나요?

¿A qué distancia se encuentra la estación del metro más cercana?
아 께 디스딴씨아 세 엔꾸엔뜨라 라 에스따씨온 델 메뜨로 마스 쎄르까나?

지하철을 탔을 때

◎ 바꿔타야 해요?

¿Debo hacer transbordo?
데보 아쎄르 뜨란스보르도?

◎ 어디에서 갈아타야 해요?

¿Dónde debo hacer transbordo?
돈데 데보 아쎄르 뜨란스보르도?

◎ 이거 시청에 가나요?

¿Esto va al ayuntamiento?
에스또 바 알 아윤따미엔또?

◎ 다음이 채링 크로스 역인가요?

¿La siguiente es la estación de Charing Cross?
라 씨기엔떼 에스 라 에스따씨온 데 차링 끄로쓰?

택시를 탈 때

◎ 택시 승강장은 어디인가요?

¿Dónde está la parada de taxi?
돈데 에스따 라 빠라다 데 딱씨?

◎ 어디에서 택시를 탈 수 있어요?

¿Dónde puedo tomar un taxi?
돈데 뿌에도 또마르 운 딱씨?

◎ 트렁크를 열어 주시겠어요?

¿Puede abrir el maletero?
뿌에데 아브리르 엘 말레떼로?

◎ 이 주소로 가 주세요.

Lléveme a esta dirección, por favor.
예베메 아 에스따 디렉씨온, 뽀르 파보르.

Unit 5 관광지에서 En el lugar turístico

관광지에서 쓰는 표현 Best 3

- 이 도시에서 가장
유명한 것은 무엇인가요?
¿Qué es lo más famoso en esta ciudad?
께 에스 로 마쓰 파모쏘 엔 에스따 씨우닫?

- 입장료는 얼마인가요?
¿Cuánto cuesta la entrada?
꾸안또 꾸에스따 라 엔뜨라다?

- 여기에서 사진을 찍어도 되나요?
¿Puedo tomar una foto aquí?
뿌에도 또마르 우나 포또 아끼?

기본표현

여행	**viaje** 비아헤		관광객	**turista** 뚜리스따
관광	**turismo** 뚜리스모		시내 관광	**recorrido por la ciudad** 레꼬리도 뽀르 라 씨우닫
반나절	**medio día** 메디오 디아		하루	**todo el día** 또도 엘 디아
당일 여행	**viaje de un día** 비아헤 데 운 디아		추천하다	**recomendar** 레꼬멘다르
관광 명소	**atracciones turísticas** 아뜨락씨오네스 뚜리스띠까스		입장료	**entrada** 엔뜨라다
전망대	**observatorio** 옵세르바또리오		계속되다	**durar** 두라르
기념품	**souvenir** 수베니르		기념품점	**tienda de souvenirs** 띠엔다 데 수베니르스
줄	**fila** 필라		인상적인	**impresionante** 임쁘레씨오난떼

156

관광지에서 많이 쓰는 핵심표현

관광 안내소에서

◎ 무료 지도가 있나요? **¿Tiene un mapa gratuito?**
띠에네 운 마빠 그라뚜이또?

◎ 관광 정보가 필요합니다. **Necesito información turística.**
네쎄씨또 인포르마씨온 뚜리스띠까.

◎ 런던 시내를 관광하고 싶은데요. **Me gustaría realizar un recorrido por Londres.**
메 구스따리아 레알리싸르 운 레꼬리도 뽀르 론드레스.

관광 정보를 수집할 때

◎ 이 도시에서 가장 유명한 것은 **¿Qué es lo más famoso en**
무엇인가요? **esta ciudad?**
께 에스 로 마쓰 파모쏘 엔 에스따 씨우닫?

◎ 갈 만한 곳을 추천해 주시겠어요? **¿Podría recomendarme algunos**
lugares interesantes?
뽀드리아 레꼬멘다르메 알구노스 루가레스 인떼레싼떼스?

◎ 이 도시의 관광 명소에는 **¿Cuáles son las atracciones**
어떤 것이 있나요? **turísticas en esta ciudad?**
꾸알레스 손 라스 아뜨락씨오네스 뚜리스띠까스 엔 에스따 씨우닫?

입장료를 물을 때

◎ 입장료는 얼마인가요? **¿Cuánto cuesta la entrada?**
꾸안또 꾸에스따 라 엔뜨라다?

◎ 한 사람당 얼마인가요? **¿Cuánto cuesta por persona?**
꾸안또 꾸에스따 뽀르 뻬르소나?

◎ 어른 2장, 아이 1장 주세요. **Dos adultos y un niño, por favor.**
도스 아둘또스 이 운 니뇨, 뽀르 파보르.

○ 관광 버스 투어가 있나요?   ¿Hay un recorrido turístico en autobús?
아이 운 레꼬리도 뚜리스띠꼬 엔 아우또부스?

○ 시간이 얼마나 걸리나요?   ¿Cuánto tiempo se tarda?
꾸안또 띠엠뽀 세 따르다?

○ 투어는 매일 있나요?   ¿Tiene recorridos todos los días?
띠에네 레꼬리도스 또도스 로스 디아스?

○ 오전 투어가 있나요?   ¿Hay un recorrido de la mañana?
아이 운 레꼬리도 데 라 마냐나?

○ 야간 관광은 있나요?   ¿Tiene un recorrido de la noche?
띠에네 운 레꼬리도 데 라 노체?

○ 몇 시에 떠나요?   ¿A qué hora sale?
아 께 오라 살레?

○ 어디에서 출발하나요?   ¿Dónde empieza?
돈데 엠삐에싸?

○ 여기에 누가 살았었나요?   ¿Quién vivía aquí?
끼엔 비비아 아끼?

○ 언제 지어진 건가요?   ¿Cuándo fue construido?
꾸안도 푸에 꼰스뜨루이도?

○ 저 건물은 무엇인가요?   ¿Qué es ese edificio?
께 에스 에쎄 에디피씨오?

○ 높이는 어느 정도인가요?   ¿Cuán alto es?
꾸안 알또 에쓰?

○ 몇 년이나 된 건가요?   ¿Qué antigüedad tiene?
께 안띠구에닫 띠에네?

투어 버스 안에서

자유 시간은 있나요?
¿Tenemos tiempo libre?
떼네모스 띠엠뽀 리브레?

여기에서 얼마나 있나요?
¿Cuánto tiempo nos detenemos aquí?
꾸안또 띠엠뽀 노스 데떼네모스 아끼?

몇 시에 돌아오나요?
¿Cuándo regresamos?
꾸안도 레그레싸모스?

시간은 어느 정도 있나요?
¿Cuánto tiempo nos queda?
꾸안또 띠엠뽀 노스 께다?

촬영을 부탁할 때

사진을 찍어 주시겠어요?
¿Podría tomarnos una foto?
뽀드리아 또마르노스 우나 포또?

여기서 제 사진 좀 찍어 주세요.
¿Podría tomarme una foto aquí?
뽀드리아 또마르메 우나 포또 아끼?

이 버튼을 누르세요.
Presione este botón.
쁘레씨오네 에스떼 보똔.

한 장 더 부탁합니다.
Una más, por favor.
우나 마쓰, 뽀르 파보르.

촬영을 허락받을 때

여기에서 사진을 찍어도 되나요?
¿Puedo tomar una foto aquí?
뿌에도 또마르 우나 포또 아끼?

플래시를 써도 되나요?
¿Puedo usar flash?
뿌에도 우싸르 플라시?

비디오를 찍어도 되나요?
¿Puedo grabar un video?
뿌에도 그라바르 운 비데오?

당신 사진을 찍어도 되나요?
¿Puedo tomar una foto de usted?
뿌에도 또마르 우나 포또 데 우스뗃?

관광지에서 En el lugar turístico

159

Unit 6 식당에서 En el restaurante

식당에서 쓰는 표현 Best 3

◎ 주문하시겠습니까?　　¿Está listo para pedir?
에스따 리스또 빠라 뻬디르?

◎ 스테이크 2인분 주세요.　　Dos bistecs, por favor.
도스 비스떽스, 뽀르 파보르.

◎ 소금 좀 갖다 주시겠어요?　　¿Podría traerme un poco de sal?
뽀드리아 뜨라에르메 운 뽀꼬 데 쌀?

기본단어

레스토랑	restaurante 레스따우란떼	주문	pedido 뻬디도
식사	comida 꼬미다	요리	plato 쁠라또
접시	plato 쁠라또	젓가락	palillos 빨리요스
예약석	mesa reservada 메싸 레쎄르바다	봉사료	cargo por servicio 까르고 뽀르 세르비씨오
소금	sal 쌀	설탕	azúcar 아쑤까르
후추가루	pimienta 삐미엔따	식초	vinagre 비나그레
매운	picante 삐깐떼	싱거운	insípido 인씨삐도
짠	salado 쌀라도	달콤한	dulce 둘쎄

160

식당에서 많이 쓰는 핵심표현

식당을 찾을 때

● 식당을 찾고 있는데요. **Estoy buscando un restaurante.**
에스또이 부스깐도 운 레스따우란떼.

● 가장 가까운 식당은 어디인가요? **¿Dónde está el restaurante más cercano?**
돈데 에스따 엘 레스따우란떼 마스 쎄르까노?

● 이 시간에 문을 연 식당이 있나요? **¿Hay un restaurante abierto en este momento?**
아이 운 레스따우란떼 아비에르또 엔 에스떼 모멘또?

● 가벼운 식사를 하고 싶은데요. **Me gustaría comer algo ligero.**
메 구스따리아 꼬메르 알고 리헤로.

● 근처에 한국 식당이 있나요? **¿Hay un restaurante coreano cerca de aquí?**
아이 운 레스따우란떼 꼬레아노 쎄르까 데 아끼?

식당을 예약할 때

● 예약이 필요한가요? **¿Necesito una reserva?**
네쎄씨또 우나 레쎄르바?

● 오늘 저녁 7시에 세 사람 자리를 예약하고 싶습니다. **Quisiera hacer una reserva para tres personas a las 7 p.m.**
끼씨에라 아쎄르 우나 레쎄르바 빠라 뜨레스 뻬르쏘나스 아 라스 씨에떼 데 라 따르데.

● 복장 규제가 있나요? **¿Hay alguna restricción de vestimenta?**
아이 알구나 레스뜨릭씨온 데 베스띠멘따?

● 총 몇 분이신가요? **¿Para cuántas personas?**
빠라 꾸안따스 뻬르쏘나스?

● 금연석으로 부탁합니다. **Deme un asiento para no fumadores.**
데메 운 아씨엔또 빠라 노 푸바도레스.

● 예약을 취소하고 싶습니다. **Quiero cancelar mi reserva.**
끼에로 깐쎌라르 미 레쎄르바.

○ 주문하시겠어요?　　　　　　　**¿Está listo para pedir?**
　　　　　　　　　　　　　　　에스따 리스또 빠라 뻬디르?

○ 이제 주문하겠어요.　　　　　　**Quiero pedir ahora.**
　　　　　　　　　　　　　　　끼에로 뻬디르 아오라.

○ 스테이크 2인분 주세요.　　　　**Dos bistecs, por favor.**
　　　　　　　　　　　　　　　도스 비스떽스, 뽀르 파보르.

○ 스테이크는 어떻게 해 드릴까요?　**¿Cómo le gustaría su bistec?**
　　　　　　　　　　　　　　　꼬모 레 구스따리아 수 비스떽?

○ 잘 익혀 주세요.　　　　　　　**Bien hecho, por favor.**
　　　　　　　　　　　　　　　비엔 에초, 뽀르 파보르.

○ 어떤 음식을 추천해 주실 건가요?　**¿Qué plato me recomienda usted?**
　　　　　　　　　　　　　　　께 쁠라또 메 레꼬미엔다 우스뗃?

○ 점심 특선은 무엇인가요?　　　　**¿Cuál es el menú del día para almorzar?**
　　　　　　　　　　　　　　　꾸알 에스 엘 메누 델 디아 빠라 알모르싸르?

○ 음료는 무엇으로 하시겠습니까?　**¿Qué le traigo para beber?**
　　　　　　　　　　　　　　　께 레 뜨라이고 빠라 베베르?

○ 아니, 됐어요. 그냥 물만 주세요.　**No, gracias. Solo agua, por favor.**
　　　　　　　　　　　　　　　노 그라씨아스. 쏠로 아구아, 뽀르 파보르.

○ 디저트는 뭐가 있어요?　　　　　**¿Qué hay de postre?**
　　　　　　　　　　　　　　　께 아이 데 뽀스뜨레?

○ 계산서 주세요.　　　　　　　　**La cuenta, por favor.**
　　　　　　　　　　　　　　　라 꾸엔따, 뽀르 파보르.

○ 제가 살게요.　　　　　　　　　**Le invito.**
　　　　　　　　　　　　　　　레 인비또.

○ 신용카드로 해도 되나요?　　　　**¿Acepta tarjeta de crédito?**
　　　　　　　　　　　　　　　아쎕따 따르헤따 데 끄레디또?

○ 물론입니다. 여기에 서명해 주세요.　**Por supuesto. Firme aquí, por favor.**
　　　　　　　　　　　　　　　뽀르 수뿌에스또. 피르메 아끼, 뽀르 파보르.

패스트 푸드점에서 주문할 때

◎ 햄버거와 콜라 주세요.　Una hamburguesa y una Coca-Cola, por favor.
우나 암부르게싸 이 우나 꼬까 꼴라, 뽀르 파보르.

◎ 여기서 드시나요?
아니면 포장해 드릴까요?
¿Para comer aquí o para llevar?
빠라 꼬메르 아끼 오 빠라 예바르?

◎ 포장해 주세요.
Para llevar, por favor.
빠라 예바르, 뽀르 파보르.

◎ 어떤 사이즈로 하시겠습니까?
¿Qué tamaño le gustaría?
께 따마뇨 레 구스따리아?

◎ 중간 사이즈로 주세요.
Mediano, por favor.
메디아노, 뽀르 파보르.

◎ 리필해 주세요.
Refill, por favor.
리필, 뽀르 파보르.

주문 요리에 문제가 있을 때

◎ 주문한 게 아직 안 나왔는데요.　Lo que pedí no ha salido todavía.
로 께 뻬디 노 아 살리도 또다비아.

◎ 얼마나 기다려야 하나요?
¿Cuánto tiempo tengo que esperar?
꾸안또 띠엠뽀 뗑고 께 에스뻬라르?

◎ 커피 두 잔 주문했는데요.
Pedí dos tazas de café.
뻬디 도스 따싸스 데 까페.

◎ 주문을 확인해 주시겠어요?
¿Puede comprobar mi pedido?
뿌에데 꼼쁘로바르 미 뻬디도?

◎ 다른 요리가 나왔어요.
Este es el plato equivocado.
에스떼 에스 엘 쁠라또 에끼보까도.

◎ 이것은 제가 주문한 게 아니에요.　No he pedido esto.
노 에 뻬디도 에스또.

◎ 차가 식었어요.
Mi té no está caliente.
미 떼 노 에스따 깔리엔떼.

◎ 이 요리를 데워 주세요.
Caliente este plato, por favor.
깔리엔떼 에스떼 쁠라또, 뽀르 파보르.

163

Unit 7 상점에서 En la tienda

상점에서 쓰는 표현 Best 3

◎ 어서 오세요.

¿En qué puedo ayudarle?
엔 께 뿌에도 아유다를레?

◎ 그냥 좀 둘러보고 있어요.

Solo estoy mirando.
쏠로 에스또이 미란도.

◎ 다른 것을 보여 주세요.

Déjeme ver otro, por favor.
데헤메 베르 오뜨로, 뽀르 파보르

기본단어

선물 가게	**tienda de regalos** 띠엔다 데 레갈로스		보석 가게	**joyería** 호예리아
할인 가게	**tienda de descuento** 띠엔다 데 데스꾸엔또		편의점	**tienda de 24 horas** 띠엔다 데 베인띠꾸아뜨로 오라스
종이 봉지	**bolsa de papel** 볼싸 데 빠뻴		비닐 봉지	**bolsa de plástico** 볼싸 데 쁠라스띠꼬
계산원	**cajero** 까헤로		점원	**empleado** 엠쁠레아도
면	**algodón** 알고돈		가죽	**cuero** 꾸에로
헐렁한	**suelto** 수엘또		목걸이	**collar** 꼬야르
귀걸이	**pendientes** 뻰디엔떼스		반지	**anillo** 아니요
팔찌	**pulsera** 뿔쎄라		브로치	**broche** 브로체

164

상점에서 많이 쓰는 핵심표현

쇼핑센터를 찾을 때

◎ 쇼핑센터는 어느 방향인가요? **¿En qué dirección está el centro comercial?**
엔 께 디렉씨온 에스따 엘 쎈뜨로 꼬메르씨알?

◎ 쇼핑몰은 어디인가요? **¿Dónde está el centro comercial?**
돈데 에스따 엘 쎈뜨로 꼬메르씨알?

◎ 쇼핑가는 어디에 있나요? **¿Dónde está la zona comercial?**
돈데 에스따 라 쏘나 꼬메르씨알?

가게를 찾을 때

◎ 편의점을 찾고 있는데요. **Estoy buscando una tienda de 24 horas.**
에스또이 부스깐도 우나 띠엔다 데 베인띠꾸아뜨로 오라스.

◎ 이 주변에 할인 가게가 있나요? **¿Hay una tienda de descuento cerca de aquí?**
아이 우나 띠엔다 데 데스꾸엔또 쎄르까 데 아끼?

◎ 운동화는 어디서 사나요? **¿Dónde puedo comprar zapatillas deportivas?**
돈데 뿌에도 꼼쁘라르 싸빠띠야스 데뽀르띠바스?

가게에 들어섰을 때

◎ 어서 오세요. **¿En qué puedo ayudarle?**
엔 께 뿌에도 아유다를레?

◎ 좀 둘러봐도 되나요? **¿Puedo echar un vistazo?**
뿌에도 에차르 운 비스따쏘?

◎ 그냥 좀 둘러보고 있어요. **Solo estoy mirando.**
쏠로 에스또이 미란도.

상점에서 En la tienda

165

사고 싶은 물건을 찾을 때

○ 스카프가 있나요?
¿Tiene bufandas?
띠에네 부판다스?

○ 선글라스를 찾고 있어요.
Estoy buscando unas gafas de sol.
에스또이 부스깐도 우나스 가파스 데 쏠.

○ 가장 인기 있는 건 무엇인가요?
¿Cuáles son las más comunes y populares?
꾸알레스 손 라스 마쓰 꼬무네스 이 뽀뿔라레스?

○ 기념품으로 좋은 게 있나요?
¿Hay algún buen souvenir?
아이 알군 부엔 수베니르?

물건을 보고 싶을 때

○ 그걸 봐도 될까요?
¿Puedo verlo?
뿌에도 베를로?

○ 저것 좀 보여 주세요.
¿Me puede mostrar eso?
메 뿌에데 모스뜨라르 에쏘?

○ 이거 입어봐도 되나요?
¿Puedo probarme esto?
뿌에도 쁘로바르메 에스또?

○ 좀 더 작은 것이 있나요?
¿Tiene algo más pequeño?
띠에네 알고 마스 뻬께뇨?

다른 물건을 찾을 때

○ 다른 것은 없어요?
¿Puedo ver otros artículos?
뿌에도 베르 오뜨로스 아르띠꿀로스?

○ 다른 것을 보여 주세요.
Déjeme ver otro, por favor.
데헤메 베르 오뜨로, 뽀르 파보르.

○ 좀 더 큰 것을 보여주시겠어요?
¿Podría mostrarme algo más grande?
뽀드리아 모스뜨라르메 알고 마쓰 그란데?

○ 이 제품으로 다른 치수는 없어요?
¿Tiene este artículo en otro tamaño?
띠에네 에스떼 아르띠꿀로 엔 오뜨로 따마뇨?

물건을 사지 않고 나올 때

◉ 좀 더 둘러보고 올게요.　　**Voy a dar una vuelta y vuelvo.**
보이 아 다르 우나 부엘따 이 부엘보.

◉ 다음에 다시 올게요.　　　**Voy a volver otra vez.**
보이 아 볼베르 오뜨라 베스.

◉ 제가 찾던 것이 아니에요.　　**Esto no es lo que estaba buscando.**
에스또 노 에스 로 께 에스따바 부스깐도.

◉ 미안합니다만 마음에 들지 않아요.　**Perdón, pero esto no me gusta.**
뻬르돈, 뻬로 에스또 노 메 구스따.

품질에 대해 물을 때

◉ 이것은 수제품인가요?　　　**¿Esto está hecho a mano?**
에스또 에스따 에초 아 마노?

◉ 품질은 좋은가요?　　　　**¿Esto es de buena calidad?**
에스또 에스 데 부에나 깔리닫?

◉ 품질이 나쁘네요.　　　　**Es de mala calidad.**
에스 데 말라 깔리닫.

◉ 재질은 무엇인가요?　　　**¿De qué está hecho?**
데 께 에스따 에초?

가격을 물을 때

◉ 얼마예요?　　　　　　**¿Cuánto cuesta?**
꾸안또 꾸에스따?

◉ 그거 얼마예요?　　　　**¿Cuánto cuesta eso?**
꾸안또 꾸에스따 에쏘?

◉ 몇 퍼센트 할인해요?　　　**¿Cuál es la tasa de descuento?**
꾸알 에스 라 따싸 데 데스꾸엔또?

◉ 세일은 언제부터 하나요?　　**¿Cuándo empiezan las rabajas?**
꾸안도 엠삐에싼 라스 레바하스?

Unit 8 공공기관에서 En las organizaciones públicas

공공기관에서 쓰는 표현 Best 3

◎ 배가 아파요.

Me duele el estómago.
메 두엘레 엘 에스또마고.

◎ 여기에서 환전할 수 있나요?

¿Puedo cambiar dinero aquí?
뿌에도 깜비아르 디네로 아끼?

◎ 보통 우편으로 보내 주세요.

Quisiera enviar esto por correo regular.
끼씨에라 엔비아르 에스또 뽀르 꼬레오 레굴라르.

기본단어

소포	**paquete** 빠께떼	우표	**sello** 쎄요
우체통	**buzón** 부쏜	우편 요금	**coste de envío** 꼬스떼 데 엔비오
보통 우편	**correo regular** 꼬레오 레굴라르	지폐	**billete** 비예떼
동전	**moneda** 모네다	신용카드	**tarjeta de crédito** 따르헤따 데 끄레디또
신분증	**tarjeta de identidad** 따르헤따 데 이덴띠닫	환율	**tipo de cambio** 띠뽀 데 깜비오
환전 수수료	**comisión de cambio** 꼬미씨온 데 깜비오	현금 자동 지급기	**cajero automático** 까헤로 아우또마띠꼬
입금하다	**depositar** 데뽀씨따르	출금하다	**retirar** 레띠라르
서명	**firma** 피르마	잔고	**saldo** 살도

공공기관에서 많이 쓰는 핵심표현

우체국을 찾을 때

◎ 우체국은 어디에 있나요?　　**¿Dónde está la oficina de correos?**
돈데 에스따 라 오피씨나 데 꼬레오스?

◎ 우표는 어디서 사나요?　　**¿Dónde puedo comprar sellos?**
돈데 뿌에도 꼼쁘라르 쎄요스?

◎ 우체통은 어디에 있나요?　　**¿Dónde está el buzón?**
돈데 에스따 엘 부쏜?

편지를 보낼 때

◎ 우표를 사고 싶은데요.　　**Me gustaría comprar sellos.**
메 구스따리아 꼼쁘라르 쎄요스.

◎ 이거 우편요금이 얼마예요?　　**¿Cuánto es el coste de envío para esto?**
꾸안또 에스 엘 꼬스떼 데 엔비오 빠라 에스또?

◎ 보통 우편으로 보내 주세요.　　**Quisiera enviar esto por correo regular.**
끼씨에라 엔비아르 에스또 뽀르 꼬레오 레굴라르.

소포를 보낼 때

◎ 이 소포를 한국에 보내고 싶어요.　　**Me gustaría enviar este paquete a Corea.**
메 구스따리아 엔비아르 에스떼 빠께떼 아 꼬레아.

◎ 이것을 보내는 데 얼마예요?　　**¿Cuánto cuesta enviar esto?**
꾸안또 꾸에스따 엔비아르 에스또?

◎ 소포용 박스가 있어요?　　**¿Tiene caja de cartón para el paquete?**
띠에네 까하 데 까르똔 빠라 엘 빠께떼?

169

은행에서

- 통장을 만들고 싶어요. **Me gustaría abrir una cuenta bancaria.**
  메 구스따리아 아브리르 우나 꾸엔따 방까리아.

- 현금 카드를 만들어 주세요. **Me gustaría solicitar una tarjeta de débito.**
  메 구스따리아 쏠리씨따르 우나 따르헤따 데 데비또.

- 입금하려고요. **Me gustaría ingresar en cuenta.**
  메 구스따리아 인그레싸르 엔 꾸엔따.

- 계좌 이체를 하고 싶습니다. **Me gustaría hacer una transferencia.**
  메 구스따리아 아쎄르 우나 뜨란스페렌씨아.

- 백 달러를 찾고 싶어요. **Me gustaría retirar cien dólares.**
  메 구스따리아 레띠라르 씨엔 돌라레스.

환전할 때

- 여기에서 환전할 수 있나요? **¿Puedo cambiar dinero aquí?**
  뿌에도 깜비아르 디네로 아끼?

- 어디에서 환전하나요? **¿Dónde puedo cambiar dinero?**
  돈데 뿌에도 깜비아르 디네로?

- 원화를 미국 달러로 바꾸고 싶어요. **Me gustaría cambiar wones coreanos a dólares estadounidenses.**
  메 구스따리아 깜비아르 워네스 꼬레아노스 아 돌라레스 에스따도우니덴쎄스.

- 오늘 환율은 어떻게 되죠? **¿Cuál es el tipo de cambio de hoy?**
  꾸알 에스 엘 띠뽀 데 깜비오 데 오이?

카드에 문제가 있을 때

- 카드를 분실했어요. **He perdido mi tarjeta.**
  에 뻬르디도 미 따르헤따.

- 카드를 정지해 주시겠어요? **¿Podría bloquear mi tarjeta?**
  뽀드리아 블로께아르 미 따르헤따?

- 현금 자동 인출기에서 카드가 안 빠져요. **La tarjeta no sale del cajero automático.**
  라 따르헤따 노 살레 델 까헤로 아우또마띠꼬.

도서관에서

◎ 무엇을 도와 드릴까요?
¿En qué puedo ayudarle?
엔 께 뿌에도 아유다를레?

◎ 모비 딕을 찾고 있어요.
Estoy buscando Moby Dick.
에스또이 부스깐도 모비 딕.

◎ 이 책이 있는지 확인해 주세요.
¿Podría ver si tiene este libro?
뽀드리아 베르 씨 띠에네 에스떼 리브로?

◎ 책을 빌리려면 회원 카드가 필요해요?
¿Necesito carnet de la biblioteca para pedir un libro prestado?
네쎄씨또 까르넷 데 라 비블리오떼까 빠라 뻬디르 운 리브로 쁘레스따도?

◎ 도서관 회원 카드가 없어요.
No tengo carnet de la biblioteca.
노 뗑고 까르넷 데 라 비블리오떼까.

병원에서

◎ 진찰을 받고 싶어요.
Quiero ver al médico.
끼에로 베르 알 메디꼬.

◎ 배가 아파요.
Me duele el estómago.
메 두엘레 엘 에스또마고.

◎ 어디가 아프세요?
¿Dónde le duele?
돈데 레 두엘레?

◎ 언제쯤 결과를 알 수 있어요?
¿Cuándo sale el resultado?
꾸안도 살레 엘 레술따도?

◎ 입원해야 해요?
¿Tengo que hospitalizarme?
뗑고 께 오스삐딸리싸르메?

미용실에서

◎ 파마를 하고 싶어요.
Quiero hacerme la permanente.
끼에로 아쎄르메 라 뻬르마넨떼.

◎ 다듬기만 해 주세요.
Solo corte las puntas, por favor.
쏠로 꼬르떼 라스 뿐따스, 뽀르 파보르.

◎ 헤어스타일을 바꾸고 싶어요.
Quiero cambiar mi estilo de pelo.
끼에로 깜비아르 미 에스띨로 데 뻴로.

Unit 9 문제가 생겼을 때 En caso de una emergencia

문제가 생겼을 때 쓰는 표현 Best 3

◎ 좀 더 천천히 말씀해 주세요.
Hable más despacio, por favor.
아블레 마쓰 데스빠씨오, 뽀르 파보르.

◎ 긴급 상황입니다.
Es una emergencia.
에스 우나 에메르헨씨아.

◎ 구급차를 불러 주세요.
Por favor, llame una ambulancia.
뽀르 파보르, 야메 우나 암불란씨아.

기본단어

응급 상황	**emergencia** 에메르헨씨아		화장실	**baño** 바뇨
병원	**hospital** 오스삐딸		약국	**farmacia** 파르마씨아
경찰서	**comisaría de policía** 꼬미싸리아 데 뽈리씨아		통역사	**intérprete** 인떼르쁘레떼
소매치기	**carterista** 까르떼리스따		도둑	**ladrón** 라드론
두통	**dolor de cabeza** 돌로르 데 까베싸		치통	**dolor de dientes** 돌로르 데 디엔떼스
복통	**dolor de estómago** 돌로르 데 에스또마고		고통	**dolor** 돌로르
데다	**quemarse** 께마르쎄		삐다	**torcerse** 또르쎄르쎄
부러지다	**romperse** 롬뻬르쎄		처방전	**prescripción** 쁘레스끄립씨온

문제가 생겼을 때 많이 쓰는 핵심표현

의사소통이 되지 않을 때

○ 영어를 할 줄 몰라요.　　**No puedo hablar inglés.**
노 뿌에도 아블라르 잉글레스.

○ 영어를 잘 못해요.　　**No hablo bien el inglés.**
노 아블로 비엔 엘 잉글레스.

○ 영어로 설명할 수 없어요.　　**No puedo explicarlo en inglés.**
노 뿌에도 엑스쁠리까를로 엔 잉글레스.

○ 좀 더 천천히 말씀해 주세요.　　**Hable más despacio, por favor.**
아블레 마쓰 데스빠씨오, 뽀르 파보르.

통역을 부탁할 때

○ 한국어 하는 사람 있나요?　　**¿Hay alguien que hable coreano?**
아이 알기엔 께 아블레 꼬레아노?

○ 한국인 통역사를 불러 주세요.　　**Necesito un intérprete coreano.**
네쎄씨또 운 인떼르쁘레떼 꼬레아노.

○ 한국인 통역사를 불러주시겠어요?　　**¿Me puede conseguir un intérprete coreano?**
메 뿌에데 꼰쎄기르 운 인떼르쁘레떼 꼬레아노?

곤경에 처했을 때

○ 어떻게 하면 좋죠?　　**¿Qué debo hacer?**
께 데보 아쎄르?

○ 심각한 문제가 생겼어요.　　**Tengo un problema muy grave.**
뗑고 운 쁘로블레마 무이 그라베.

○ 지금 곤경에 처했어요.　　**Estoy en problema ahora.**
에스또이 엔 쁘로블레마 아오라.

문제가 생겼을 때 En caso de una emergencia

분실했을 때

◎ 유실물 센터는 어디인가요? **¿Dónde está la oficina de objetos perdidos?**
돈데 에스따 라 오피씨나 데 오프헤또스 뻬르디도스?

◎ 아무리 찾아도 없어요. **No puedo encontrarlo por ninguna parte.**
노 뿌에도 엔꼰뜨라를로 뽀르 닝구나 빠르떼.

◎ 어디서 잃어버렸는지 모르겠어요. **No sé dónde lo he perdido.**
노 쎄 돈데 로 에 뻬르디도.

◎ 무엇을 잃어 버렸나요? **¿Qué perdiste?**
께 뻬르디스떼?

상황이 위급할 때

◎ 도와 주세요! **¡Ayúdeme!**
아유데메!

◎ 누구 없어요? **¿Hay alguien aquí?**
아이 알기엔 아끼?

◎ 경찰을 불러 주세요. **Llame a la policía, por favor.**
야메 아 라 뽈리씨아, 뽀르 파보르.

◎ 알았으니 해치지 마세요. **OK. No me haga daño.**
오께이. 노 메 아가 다뇨.

경찰서에서

◎ 도난 신고를 하고 싶어요. **Quiero denunciar un robo.**
끼에로 데눈씨아르 운 로보.

◎ 제 여권을 도난당했어요. **Me han robado mi pasaporte.**
메 안 로바도 미 빠싸뽀르떼.

◎ 지금 한국 대사관으로 연락해 주세요. **Por favor, ahora póngame en contacto con la Embajada de Corea.**
뽀르 파보르, 아오라 뽕가메 엔 꼰딱또 꼰 라 엠바하다 데 꼬레아.

◎ 찾으면 한국으로 보내 주세요. **Por favor, cuando lo encuentre, envíelo a Corea.**
뽀르 파보르, 꾸안도 로 엔꾸엔뜨레, 엔비엘로 아 꼬레아.

사고를 당했을 때

◎ 의사를 불러 주세요. **Por favor, llame al médico.**
뽀르 파보르, 야베 알 메디꼬.

◎ 진료를 받고 싶은데요. **Quiero ir al médico.**
끼에로 이르 알 메디꼬.

◎ 제 친구가 교통 사고를 당했어요. **Mi amigo tuvo un accidente de tráfico.**
미 아미고 뚜보 운 악씨덴떼 데 뜨라피꼬.

◎ 친구가 차에 치었어요. **Mi amigo fue atropellado por un coche.**
미 아미고 푸에 아뜨로뻬야도 뽀르 운 꼬체.

◎ 그를 병원으로 데려가 주시겠어요? **¿Podría llevarlo al hospital?**
뽀드리아 예바를로 알 오스삐딸?

몸이 좋지 않을 때

◎ 몸이 아파요. **Estoy enfermo.**
에스또이 엔페르모

◎ 멀미가 나요. **Me siento mareado.**
메 씨엔또 마레아도.

◎ 몸이 좋지 않아요. **No me encuentro bien.**
노 메 엔꾸엔뜨로 비엔.

◎ 몸 상태가 이상해요. **Mi cuerpo se siente raro.**
미 꾸에르뽀 세 씨엔떼 라로.

약국에서

◎ 처방전이 있어요? **¿Tiene una prescripción?**
띠에네 우나 쁘레스끄립씨온?

◎ 이 처방전 약을 주세요. **Deme el medicamento según esta prescripción, por favor.**
데메 엘 메디까멘또 세군 에스따 쁘레스끄립씨온, 뽀르 파보르.

◎ 이 약의 복용법을 알려 주세요. **¿Cómo debo tomar este medicamento?**
꼬모 데보 또마르 에스떼 메디까멘또?

◎ 부작용이 있나요? **¿Hay algún efecto secundario?**
아이 알군 에펙또 세꾼다리오?

귀국할 때 쓰는 표현 Best 3

◎ 인천행을 예약하고 싶어요. **Quiero hacer una reserva de un vuelo a Incheon.**
끼에로 아쎄르 우나 레쎄르바 데 운 부엘로 아 인천.

◎ 예약을 확인하고 싶어요. **Quiero confirmar mi reserva.**
끼에로 꼰피르마르 미 레쎄르바.

◎ 예약을 변경하고 싶어요. **Quiero cambiar mi reserva.**
끼에로 깜비아르 미 레쎄르바.

기본단어

| 예약하다 | **reservar** 레쎄르바르 | 예약하다 | **hacer una reserva** 아쎄르 우나 레쎄르바 |

| 확인하다 | **confirmar** 꼰피르마르 | 재확인하다 | **reconfirmar** 레꼰피르마르 |

| 취소하다 | **cancelar** 깐쎌라르 | 대한항공 카운터 | **mostrador del Korean Air** 모스뜨라도르 델 코리언 에어 |

| 면세점 | **tienda libre de impuestos** 띠엔다 리브레 데 임뿌에스또스 | 면세 | **libre de impuestos** 리브레 데 임뿌에스또스 |

| 탑승권 | **tarjeta de embarque** 따르헤따 데 엠바르께 | 수하물 | **equipaje** 에끼빠헤 |

| 기내 휴대용 가방 | **equipaje de mano** 에끼빠헤 데 마노 | 수하물을 부치다 | **facturar el equipaje** 팍뚜라르 엘 에끼빠헤 |

| 입국 신고서 | **formulario de declaración de llegada** 포르물라리오 데 데끌라라씨온 데 예가다 | 신고하다 | **declarar** 데끌라라르 |

| 세관 신고서 | **formulario de declaración de aduanas** 포르물라리오 데 데끌라라씨온 데 아두아나스 | 무게 제한 | **límite de peso** 리미떼 데 뻬쏘 |

귀국할 때 많이 쓰는 핵심표현

귀국 편을 예약할 때

◎ 인천행을 예약하고 싶어요. **Quiero hacer una reserva de un vuelo a Incheon.**
끼에로 아쎄르 우나 레쎄르바 데 운 부엘로 아 인천.

◎ 7월 16일 인천행 항공편이 있나요? **¿Tiene un vuelo a Incheon el 16 de julio?**
띠에네 운 부엘로 아 인천 엘 디에씨쎄이스 데 훌리오?

◎ 대기자 명단에 올려 주세요. **Póngame en la lista de espera, por favor.**
뽕가메 엔 라 리스따 데 에스뻬라, 뽀르 파보르.

예약을 확인할 때

◎ 예약을 확인하고 싶어요. **Quiero confirmar mi reserva.**
끼에로 꼰피르마르 미 레쎄르바.

◎ 한국에서 예약했어요. **Yo hice una reserva de vuelo en Corea.**
요 이쎄 우나 레쎄르바 데 부엘로 엔 꼬레아.

◎ 예약이 확인됐습니다. **Su reserva está confirmada.**
수 레쎄르바 에스따 꼰피르마다.

예약을 변경할 때

◎ 예약을 변경하고 싶어요. **Quisiera cambiar mi reserva.**
끼씨에라 깜비아르 미 레쎄르바.

◎ 금연석으로 바꿀 수 있나요? **¿Puedo cambiar de asiento por otro para no fumadores?**
뿌에도 깜비아르 데 아씨엔또 뽀르 오뜨로 빠라 노 푸마도레스?

◎ 7월 1일로 바꿔 주세요. **Por favor, cámbiela para el primero de julio.**
뽀르 파보르, 깜비엘라 빠라 엘 쁘리메로 데 훌리오.

예약을 취소할 때

◎ 예약을 취소해 주세요. **Cancele mi reserva, por favor.**
깐쎌레 미 레쎄르바, 뽀르 파보르.

◎ 예약을 취소하고 싶어요. **Quiero cancelar mi reserva.**
끼에로 깐쎌라르 미 레쎄르바.

◎ 예약을 취소할 수 있나요? **¿Puedo cancelar mi reserva?**
뿌에도 깐쎌라르 미 레쎄르바?

◎ 죄송하지만 예약을 취소해야겠습니다. **Perdón, pero tengo que cancelar mi reserva.**
뻬르돈, 뻬로 뗑고 께 깐쎌라르 미 레쎄르바.

공항으로 갈 때

◎ 히스로 공항으로 가 주세요. **Al Aeropuerto de Heathrow, por favor.**
알 아에로뿌에르또 데 히스로, 뽀르 파보르.

◎ 빨리 가 주세요. 늦었어요. **Dese prisa, por favor. Estoy apurado.**
데쎄 쁘리싸, 뽀르 파보르. 에스또이 아뿌라도.

◎ 공항까지 얼마나 걸릴까요? **¿Cuánto tiempo se tarda en llegar al aeropuerto?**
꾸안또 띠엠뽀 세 따르다 엔 예가르 알 아에로뿌에르또?

◎ 공항까지 택시 요금이 얼마인가요? **¿Cuánto cuesta un taxi al aeropuerto?**
꾸안또 꾸에스따 운 딱씨 알 아에로뿌에르또?

탑승 수속을 할 때

◎ 탑승 수속은 어디서 하나요? **¿Dónde hago los trámites de embarque?**
돈데 아고 로스 뜨라미떼스 데 엠바르께?

◎ 짐을 여기에 놓아도 되나요? **¿Puedo poner mi equipaje aquí?**
뿌에도 뽀네르 미 에끼빠헤 아끼?

◎ 창가쪽으로 주세요. **Un asiento de ventanilla, por favor.**
운 아씨엔또 데 벤따니야, 뽀르 파보르.

◎ 친구와 같은 좌석으로 주세요. **Me gustaría sentarme con mi amigo.**
메 구스따리아 쎈따르메 꼰 미 아미고.

수하물을 접수할 때

◎ 맡길 짐이 있나요?
¿Tiene equipaje para facturar?
띠에네 에끼빠헤 빠라 팍뚜라르?

◎ 가방을 맡길게요.
Voy a facturar mi maleta.
보이 아 팍뚜라르 미 말레따.

◎ 이것은 기내에 가지고 들어가도 되나요?
¿Puedo llevar esto en el avión?
뿌에도 예바르 에스또 엔 엘 아비온?

◎ 무게 제한이 얼마인가요?
¿Cuál es el límite de peso?
꾸알 에스 엘 리미떼 데 뻬쏘?

공항 면세점에서

◎ 면세점은 어디 있나요?
¿Dónde están las tiendas libres de impuestos?
돈데 에스딴 라스 띠엔다스 리브레스 데 임뿌에스또스?

◎ 한국 돈 받으시나요?
¿Acepta wones coreanos?
아쎕따 워네스 꼬레아노스?

◎ 미국 달러만 받습니다.
Solo aceptamos dólares estadounidenses.
쏠로 아쎕따모스 돌라레스 에스따도우니덴쎄스.

◎ 한국에 가지고 들어갈 수 있나요?
¿Puedo llevar esto a Corea?
뿌에도 예바르 에스또 아 꼬레아?

귀국 편 기내에서

◎ 식사는 언제 나와요?
¿Cuándo se sirve la comida?
꾸안도 세 씨르베 라 꼬미다?

◎ 기내 면세품을 사고 싶어요.
Me gustaría comprar productos libres de impuestos en el avión.
메 구스따리아 꼼쁘라르 쁘로둑또스 리브레스 데 임뿌에스또스 엔 엘 아비온.

◎ 입국 카드 작성법을 알려 주세요.
¿Cómo puedo llenar el formulario de declaración de llegada?
꼬모 뿌에도 예나르 엘 포르물라리오 데 데끌라라씨온 데 예가다?

◎ 인천에 제 시간에 도착하나요?
¿Va a llegar a tiempo a Incheon?
바 아 예가르 아 띠엠뽀 아 인천?

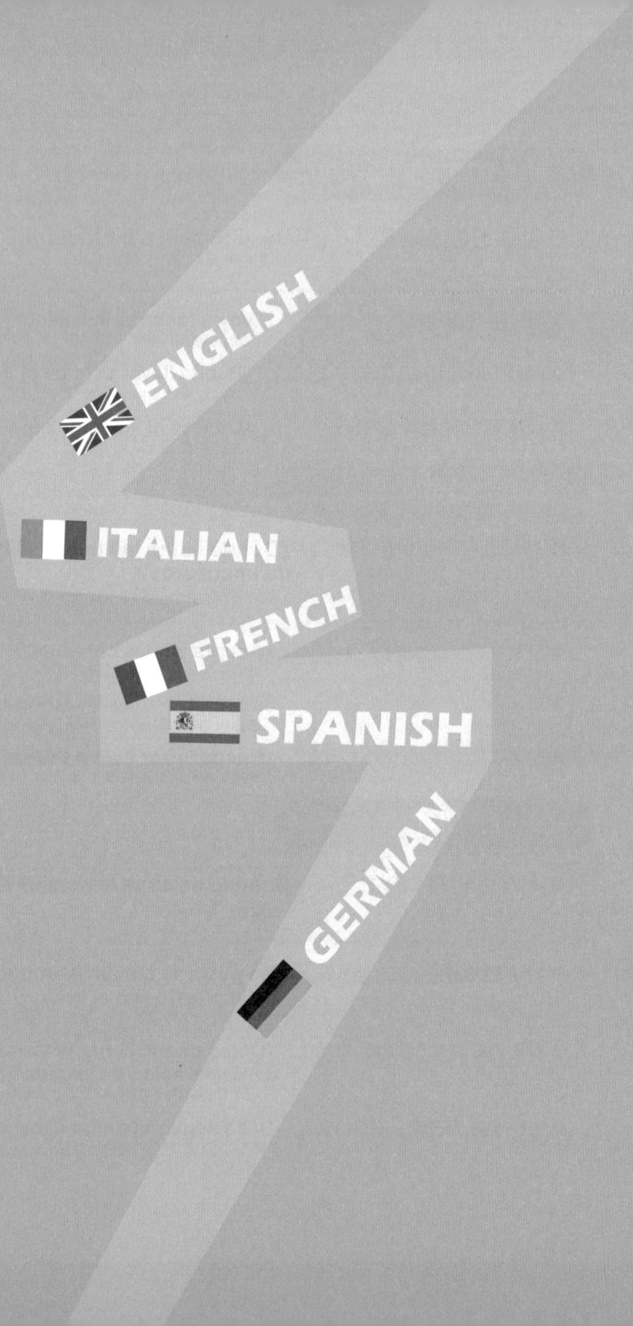
ENGLISH
ITALIAN
FRENCH
SPANISH
GERMAN

GERMAN

기내에서 Im Flugzeug

기내에서 쓰는 표현 Best 3

◎ 제 좌석은 어디죠?

Wo ist mein Platz?
보 이스트 마인 플랏츠?

◎ 닭고기 주세요.

Hähnchen, bitte.
헨센, 비테.

◎ 담요 한장 주시겠어요?

Kann ich eine Decke haben?
칸 이히 아이네 덱케 하벤?

기본단어

여권	**Reisepass** 라이제파스	탑승권	**Bordkarte** 보드카르테
비자	**Visum** 비줌	1등석	**Erste Klasse** 에어스테 클라쎄
비즈니스석	**Business-Klasse** 비즈니스 클라쎄	일반석	**Economy Klasse** 이코노미 클라쎄
기장	**Kapitän** 카피텐	창가 쪽 좌석	**Platz am Fenster** 플랏츠 암 펜스터
통로 쪽 좌석	**Platz am Gang** 플랏츠 암 강	식사 테이블	**Serviertisch** 설비어티쉬
기내 화장실	**WC** 베체	비어있음	**Frei** 프라이
사용 중	**Besetzt** 베젯쯔트	입국카드	**Einreisekarte** 아인라이제카르테
담요	**Decke** 덱케	헤드폰	**Kopfhörer** 콥프훼어러

기내에서 많이 쓰는 핵심표현

자리를 찾을 때

● 제 좌석은 어디죠?　　**Wo ist mein Platz?**
보 이스트 마인 플랏츠?

● 33A는 어디예요?　**Wo ist 33A?**
보 이스트 드라이운트 드라이시히 아?

● 제 자리 찾는 것을
도와주시겠어요?　**Würden Sie mir helfen, meinen Platz zu finden?**
뷰어덴 지 미어 헬펜, 마이넨 플랏츠 쭈 핀덴?

자리를 바꾸고 싶을 때

● 친구랑 제 좌석이 떨어져 있어요.　**Mein Freund und mein Platz sind nicht zusammen.**
마인 프로인드 운트 마인 플랏츠 진트 니히트 쭈잠멘.

● 좌석을 바꿀 수 있을까요?　**Könnten wir Sitze wechseln?**
쾬텐 비어 짓쩨 벡셀른?

● 제 자리와 바꿀 수 있을까요?　**Würden Sie bitte mit mir Sitze tauschen?**
뷰어덴 지 비테 밋 미어 짓쩨 타우셴?

좌석이 불편할 때

● 좌석을 뒤로 눕혀도 될까요?　**Kann ich meinen Sitz zurückstellen?**
칸 이히 마이넨 짓쯔 쭈뤽스텔렌?

● 좌석을 차지 말아 주세요　**Bitte hören Sie auf, den Sitz zu treten.**
비테 회어렌 지 아우프, 덴 짓쯔 쭈 트레텐.

● 좌석을 앞으로 좀 당겨 주시겠어요?　**Können Sie Ihren Sitz ein bisschen nach vorne ziehen?**
쾬넨 지 이어렌 짓쯔 아인 비센 나흐 포네 찌엔?

식사를 주문할 때

◎ 닭고기 주세요.
Hähnchen, bitte.
헨셴, 비테

◎ 소고기 주세요.
Ich hätte gerne Rindfleisch.
이히 헤테 게르네 린트플라이쉬.

◎ 고추장 있어요?
Haben Sie Peperonipaste?
하벤 지 페페로니파스테?

◎ 이것으로 부탁합니다.
Ich nehme das hier.
이히 네메 다스 히어.

음료를 주문할 때

◎ 오렌지 주스 있어요?
Haben Sie Orangensaft?
하벤 지 오랑줸자프트?

◎ 커피 좀 주세요.
Bringen Sie mir bitte eine Tasse Kaffee?
브링엔 지 미어 비테 아이네 타쎄 카페?

◎ 시원하게 마실 것을 주시겠어요?
Könnte ich etwas Kaltes zu trinken haben?
쾬테 이히 에트바스 칼테스 쭈 트링켄 하벤?

◎ 물 한잔 주세요.
Ich hätte gerne ein Glas Wasser, bitte.
이히 헤테 게르네 아인 글라스 바싸, 비테

화장실에 가고 싶을 때

◎ 실례지만, 화장실이 어디 있어요?
Entschuldigung, wo ist die Toilette?
엔슐디궁, 보이스트 디 토일레테?

◎ 지금 화장실에 가도 될까요?
Darf ich jetzt auf die Toilette gehen?
다르프 이히 옛츠트 아우프 디 토일레테 게엔?

◎ 화장실에 휴지가 없어요.
Es gibt kein Toilettenpapier in der Toilette.
에스 깁 카인 토일레텐파피어 인 데어 토일레테.

◎ 화장실이 어디예요?
(어디에서 손을 닦을 수 있죠?)
Wo kann ich meine Hände waschen?
보 칸 이히 마이네 헨데 바쉔?

필요한 물건을 달라고 할 때

◎ 담요 한장 주시겠어요?
Kann ich eine Decke haben?
칸 이히 아이네 덱케 하벤?

◎ 읽을 것 좀 주시겠어요?
Bringen Sie mir etwas zum lesen?
브링엔 지 미어 에트바스 쭘 레젠?

◎ 수면용 안대를 갖다 주실 수 있나요?
Kann ich eine Schlafmaske bekommen?
칸 이히 아이네 슐라프마스케 베콤멘?

◎ 한국어 신문이 있나요?
Haben Sie koreanische Zeitungen?
하벤 지 코리아니셔 짜이퉁?

도착에 관해서 물을 때

◎ 예정대로 도착하나요?
Ist das Flugzeug rechtzeitig?
이스트 다스 플룩쪼익 레히트짜이티히?

◎ 런던은 몇 시에 도착하나요?
Wann kommen wir in London an?
반 콤멘 비어 인 런던 안?

◎ 얼마나 지연될까요?
Wie lange hat das Flugzeug Verspätung?
비 랑에 핫 다스 플룩쪼익 페어슈팻퉁?

◎ 도착 시간은 언제인가요?
Wann ist die Ankunftszeit?
반 이스트 디 안쿤프츠짜이트?

입국 신고서 작성할 때

◎ 이 서류 쓰는 법을 가르쳐 주시겠어요?
Können Sie mir sagen, wie ich dieses Formular ausfüllen kann?
쾨넨 지 미어 자겐, 비 이히 디져스 포물라 아우스퓰렌 칸?

◎ 여기에는 무엇을 쓰는 건가요?
Was fülle ich hier aus?
바스 퓰레 이히 히어 아우스?

◎ 제 입국 신고서를 봐주시겠어요?
Könnten Sie meine Einreisekarte überprüfen?
쾨넨 지 마이네 아인라이제카르테 위버푸뤼펜?

◎ 입국 신고서 작성을 도와주세요.
Bitte helfen Sie mir diese Einreisekarte auszufüllen.
비테 헬펜 지 미어 디져 아인라이제카르테 아우스쭈퓰렌?

공항에서 쓰는 표현 Best 3

◎ 어디에서 오셨나요?

Woher kommen Sie?
보헤어 커멘 지?

◎ 직업이 무엇인가요?

Welchen Beruf haben Sie?
벨첸 베루프 하벤 지?

◎ 방문 목적이 무엇인가요?

Was ist der Zweck Ihrer Reise?
바스 이스트 데어 쯔벡 이러러 라이제?

기본단어

항공사	**Fluggesellschaft** 플룩게젤샤프트	출발	**Abreise** 압라이제
도착	**Ankunft** 안쿠프트	환승하다	**Umsteigen** 움슈타이겐
보안 검색	**Sicherheitskontrolle** 지허하이츠컨트롤레	수하물 찾는 곳	**Gepäckausgabe** 게팩아우스가베
탑승 수속대	**Check-in-Schalter** 체크 인 샬터	탑승 대기실	**Boarding Lounge** 보딩 륑쥐
탑승구	**Flugsteig** 플룩스타이그	입국 심사	**Einreisekontrolle** 아인라이제콘트롤레
세관	**Zoll** 쫄	무관세	**Zollfrei** 쫄프라이
신고하다	**Verzollen** 페어쫄렌	목적지	**Zielort** 찔오르트
유실물 취급소	**Fundbüro** 푼드뷰로	환전	**Geldwechsel** 겔트벡셀

공항에서 많이 쓰는 핵심표현

탑승에 대해 물을 때

○ 몇 시에 탑승 시작하나요? **Wann beginnt das Einsteigen?**
반 베긴트 다스 아인슈타이겐?

○ 몇 번 게이트로 가야 하나요? **Welchen Flugsteig sollte ich gehen?**
벨첸 플룩스타이그 졸테 이히 게엔?

○ 이거 기내에 가지고 탑승해도 되나요? **Ist es in Ordnung,dies auf dem Flug mitzunehmen?**
이스트 에스 인 오르드눙, 디스 아우프 뎀 플룩 밋쭈네멘?

직업을 물어볼 때

○ 직업이 무엇인가요? **Welchen Beruf haben Sie?**
벨첸 베루프 하벤 지?

○ 직업이 무엇인가요? **Was für einen Beruf haben Sie?**
바스 퓨어 아인 베루프 하벤 지?

○ 무슨 일을 하시나요? **Was machen Sie beruflich?**
바스 마헨 지 베루플리히?

직업을 말할 때

○ 저는 사업을 해요. **Ich bin ein Geschäftsmann.**
아히 빈 아인 게세프츠만.

○ 저는 회사원이에요. **Ich bin ein Büroangestellter.**
이히 빈 아인 뷰로안게슈텔터.

○ 저는 주부예요. **Ich bin Hausfrau.**
이히 빈 하우스 프라우.

○ 여권을 보여 주세요.　　　　**Bitte zeigen Sie mir Ihren Reisepass.**
비테 짜이겐 지 미어 이어렌 라이제파스.

○ 어디에서 오셨나요?　　　　　**Woher kommen Sie?**
보헤어 커멘 지?

○ 한국에서 왔어요.　　　　　　**Ich komme aus Korea.**
이히 코메 아우스 코리아.

○ 방문 목적이 무엇인가요?　　　**Was ist der Zweck Ihrer Reise?**
바스 이스트 데어 쯔벡 이어러 라이제?

○ 관광입니다.　　　　　　　　**Ich bin als Tourist hier.**
이히 빈 알스 투어리스트 히어.

○ 휴가 차 왔어요.　　　　　　**Ich bin hier für Urlaub.**
이히 빈 히어 퓨어 우어라웁.

○ 얼마나 머무실 건가요?　　　　**Wie lange bleiben Sie hier?**
비 랑에 블라이벤 지 히어?

○ 일주일 정도요.　　　　　　　**Für etwa eine Woche.**
퓨어 에트바스 아이네 보헤.

○ 어디에서 숙박하실 건가요?　　**Wo übernachten Sie?**
보 위버 나흐텐 지?

○ 힐튼 호텔에서 묵을 겁니다.　　**Ich werde im Hilton Hotel übernachten.**
이히 베르데 임 힐튼 호텔 위버 나흐텐

○ 돌아가는 항공권을 보여 주세요.　**Zeigen Sie mir bitte Ihre Rückflugkarte.**
짜이겐 지 미어 비테 이어레 뤽플룩카르테.

○ 짐은 어디에서 찾나요?　　　　**Woher kann ich mein Gepäck holen?**
보헤어 칸 이히 마인 게팩 홀렌?

○ 제 수하물은 어디에서 찾을 수 있죠?　**Wo kann ich mein Gepäck abholen?**
보 칸 이히 마인 게팩 압홀렌?

○ 제 짐이 보이지 않아요.　　　　**Ich kann mein Gepäck nicht finden**
이히 칸 마인 게팩 니히트 핀덴.

○ 제 가방이 보이지 않아요.　　　**Ich kann meine Tasche nicht finden.**
이히 칸 마이네 타쉐 니히트 핀덴.

세관을 통과할 때

◎ 여권과 세관 신고서를 주세요. **Bitte zeigen Sie mir Ihren Reisepass und Ihre Zollmeldung.**
비테 짜이겐 지 미어 이어렌 라이제파스 운트 이어레 쫄벨둥.

◎ 세관 신고서를 보여 주시겠습니까? **Kann ich Ihre Zollanmeldung sehen?**
칸 이히 이어레 쫄벨둥 제엔?

◎ 세관 신고할 물건이 있나요? **Haben Sie etwas zu verzollen?**
하벤 지 에트바스 쭈 페어쫄렌?

◎ 아니 없습니다. **Nein, ich habe nichts zu verzollen.**
나인, 이히 하베 니히츠 쭈 페어쫄렌.

환승할 때

◎ 저는 런던행 환승객입니다. **Ich bin ein Transitpassagier für London.**
이히 빈 아인 트랜짓파사쥐어 퓨어 런던.

◎ 갈아타는 곳이 어디인가요? **Wo kann ich mein Flug umsteigen?**
보 칸 이히 마인 플룩 움슈타이겐?

◎ 경유시간은 얼마나 되나요? **Wie lang ist der Zwischenstopp?**
비 랑 이스트 데어 쯔비센슈톱?

◎ 시드니행 환승 비행기를 놓쳤어요. **Ich verpasste meinen Anschlussflug nach Sydney.**
이히 페어파스테 마이넨 안슐루스플룩 나흐 시드니.

환전할 때

◎ 환전소는 어디인가요? **Wo ist der Schalter für den Geldwechsel?**
보 이스트 데어 샬터 퓨어 덴 겔트벡셀?

◎ 어디에서 환전하나요? **Wo kann man das Geld wechseln?**
보 칸 만 다스 겔트 벡셀른?

◎ 달러로 바꿔 주세요. **Wechseln Sie dies in Dollar, bitte.**
벡셀른 지 디스 인 달러, 비테.

◎ 환전을 하고 싶은데요. **Ich möchte etwas Geld wechseln.**
이히 뫼흐테 에트바스 겔드 벡셀른.

숙소에서 Unterkunft

숙소에서 쓰는 표현 Best 3

◎ 체크인하고 싶은데요.　　　**Ich würde gerne einchecken, bitte.**
이비 뷰어데 게르네 아인체켄, 비테.

◎ 아침 7시에 깨워 주세요.　　**Bitte wecken Sie mich um 7 Uhr.**
비테 베켄 지 미히 움 지벤 우어.

◎ 아침 식사 시간은 몇 시예요?　**Wann ist die Frühstückszeit?**
반 이스트 디 프뤼스튁스짜이트?

기본단어

입실 수속	Einchecken 아인체켄	퇴실 수속	Auschecken 아우스체켄
예약	Reservierung 레저비어룽	보증금	Kaution 카우치온
성수기	Hauptsaison 하웁트세송	비수기	Außerhalb der Saison 아우써할브 데어 세송
손님	Gast 가스트	청구서	Rechnung 레히눙
봉사료	Servicegebühr 써비스게뷔어	세탁물	Wäsche 베쉐
영수증	Quittung 쿠비퉁	입구	Eingang 아인강
비상구	Notausgang 놋아우스강	예약 확인서	Bestätigung 베슈태티궁
숙박 카드	Registrierungskarte 레기스트리어룽스카르테	귀중품 보관소	Stahlfach 슈탈파흐

숙소에서 많이 쓰는 핵심표현

체크인을 할 때

◎ 체크인하고 싶은데요.
Ich würde gerne einchecken, bitte.
이히 뷰어데 게르네 아인체켄, 비테.

◎ 마샤 강으로 예약을 했습니다.
Ich habe auf Marsha Kang ein Zimmer reserviert.
이히 하베 아우프 마샬 강 아인 찜머 레저비얼트.

◎ 이것이 예약 확인증이에요.
Das ist die Bestätigung.
다스 이스트 디 베슈태티궁.

룸이 마음에 들지 않을 때

◎ 방이 마음에 들지 않아요.
Das Zimmer gefällt mir nicht.
다스 찜머 게펠트 미어 니히트.

◎ 방을 바꿔 주세요.
Ich möchte das Zimmer wechseln.
이히 뫼흐테 다스 찜머 벡셀른.

◎ 경치가 좋은 방을 주시면 좋겠어요.
Ich hätte gerne ein Zimmer mit Aussicht.
이히 헤테 게르네 아인 찜머 밋 아우스지히트.

모닝 콜을 부탁할 때

◎ 아침 7시에 깨워 주세요.
Bitte wecken Sie mich um 7 Uhr.
비테 베켄 지 미히 움 지벤 우어.

◎ 아침 7시에 모닝콜 해주세요.
Ich möchte einen Weckruf um 7 Uhr.
이히 뫼흐테 아이넨 벡루프 움 지벤 우어.

◎ 아침 7시에 모닝콜을 걸어주시겠어요?
Kann ich einen Weckruf bei 7 Uhr bekommen?
칸 이히 아이넨 벡루프 바이 지벤 우어 베콤멘?

조식에 대해 문의할 때

○ 아침 식사는 어디에서 하나요? **Wo soll ich zum Frühstück gehen?**
보 졸 이히 쭘 프뤼슈튁 게엔?

○ 아침 식사 시간은 몇 시예요? **Wann ist die Frühstückszeit?**
반 이스트 다스 프뤼슈튁스짜이트?

○ 아침 식사가 나오나요? **Bekomme ich Frühstück.**
베코메 이히 프뤼슈튁.

○ 조식이 포함되어 있나요? **Ist das Frühstück beinhaltet?**
이스트 다스 프뤼슈튁 베인할테트?

물건을 갖다 달라고 할 때

○ 비누 좀 갖다 주세요. **Bitte bringen Sie mir Seife.**
비테 브링엔 지 미어 자이페.

○ 타월을 더 주시겠어요? **Kann ich mehrere Handtücher haben?**
칸 이히 메어레 한드투허 하벤?

○ 베개 좀 더 갖다 주세요. **Bitte geben Sie mir mehrere Kissen.**
비테 게벤 지 미어 메어레 키쎈.

○ 화장지 좀 갖다 주세요. **Bitte holen Sie mir etwas Toilettenpapier.**
비테 홀렌 지 미어 에트바스 토일레텐 파피어.

Wi-Fi에 대해 물을 때

○ 여기 와이파이 되나요? **Haben Sie hier eine Wi-Fi Verbindung?**
하벤 지 히어 아이네 와이파이 페어빈둥?

○ 와이파이 비밀번호 뭐예요? **Was ist das Wi-Fi-Passwort?**
바스 이스트 다스 와이파이 파스보르트?

○ 와이파이를 연결해 주세요. **Bitte verbinden Sie mir wifi.**
비테 페어빈덴 지 미어 와이파이.

○ 무료 와이파이가 있나요? **Haben Sie kostenlosen Wi-Fi?**
하벤 지 코스텐로젠 와이파이?

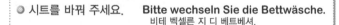

청소를 요청할 때

◎ 시트를 바꿔 주세요.
Bitte wechseln Sie die Bettwäsche.
비테 벡셀른 지 디 베트베셔.

◎ 침대를 정돈해 주세요.
Machen Sie das Bett bitte.
마헨 지 다스 베트 비테.

◎ 나가 있는 동안 방을 청소해 주세요.
Bitte reinigen Sie mein Zimmer, während ich raus bin.
비테 라이니겐 지 마인 찜머, 베렌드 이히 라우스 빈.

◎ 제 방 청소가 아직 안 되었네요.
Mein Zimmer wurde noch nicht gereinigt.
마인 찜머 부어데 노흐 니히트 게라이니그트.

세탁 서비스를 받고 싶을 때

◎ 세탁 서비스가 있나요?
Gibt es einen Wäscheservice?
깁 에스 아이넨 베셔서비스?

◎ 제 블라우스를 세탁해 주세요.
Ich möchte meine Bluse waschen lassen.
이히 뫼흐테 마이네 블루제 바셴 라쎈.

◎ 언제 다 됩니까?
Wann wird es fertig?
반 비얼드 에스 페어티히?

◎ 제 세탁물은 다 되었나요?
Ist meine Wäsche fertig gewaschen?
이스트 마이네 베쉐 페얼티히 게바셴?

체크아웃할 때

◎ 체크아웃 하려고요.
Ich möchte auschecken.
이히 뫼흐테 아우스체켄.

◎ 체크아웃하고 싶은데요.
Ich möchte abreisen.
이히 뫼흐테 압라이젠.

◎ 몇 시에 체크아웃 해야 하나요?
Wann muss ich auschecken?
반 무스 이히 아우스체켄?

◎ 체크아웃은 몇 시인가요?
Wann ist Auscheckzeit?
반 이스트 아우스첵짜이트?

거리에서 Auf der Straße

거리에서 쓰는 표현 Best 3

◎ 힐튼 호텔로 가 주세요.
Das Hilton Hotel, bitte.
다스 힐튼 호텔 ,비테

◎ 거기까지 걸어갈 수 있나요?
Kann man zu Fuß dorthin gehen?
칸 만 쭈 푸스 도르트힌 게엔?

◎ 박물관은 어디 있나요?
Wo ist das Museum?
보 이스트 다스 뮤지움?

기본단어

인도	**Bürgersteig** 뷰거슈타익		차도	**Straße** 슈트라세
길	**Straße** 슈트라세		도로 표지판	**Straßenschild** 슈트라센쉴드
신호등	**Ampeln** 암펠른		지하철 갈아타는 곳	**Umsteig** 움슈타이그
매표소	**Fahrkartenschalter** 파카르텐샬터		예정대로	**planmäßig** 플란매식
급행열차	**Express** 익스프레스		편도	**Hinfahrt** 힌파알트
승객	**Passagier** 파사쥐어		왕복	**Hin- und Rückfahrt** 힌 운트 뤼파알트
주의	**Vorsicht** 포어지히트		위험	**Achtung** 아흐퉁
주차금지	**Kein Parken** 카인 팔켄		주차장	**Parkplatz** 파크플랏츠

거리에서 많이 쓰는 핵심표현

길을 물을 때

◎ 실례합니다. 박물관에는 어떻게 가나요? **Entschuldigen Sie. Wie komme ich zum Museum?**
엔슐디겐 지. 비 코메 이히 쭘 뮤지움?

◎ 그곳에 어떻게 가는지 알려 주세요. **Bitte erklären Sie mir, wie man dort hingeht.**
비테 에어클레어렌 지 미어, 비 만 도르트 힌겟.

◎ 지하철까지 이 길로 가면 되나요? **Ist das der Weg zur U-Bahnstation?**
이스트 다스 데어 벡 쭈어 우반 스타치온?

장소를 찾을 때

◎ 공중 화장실은 어디에 있어요? **Wo ist die öffentliche Toilette?**
보 이스트 디 외픈틀리허 토일레테?

◎ 박물관은 어디인가요? **Wo ist das Museum?**
보 이스트 다스 뮤지움?

◎ 백화점은 어디인가요? **Wo ist das Kaufhaus?**
보 이스트 다스 카우프하우스?

소요 시간을 물을 때

◎ 여기에서 가까운가요? **Ist es in der Nähe?**
이스트 에스 인데어 네어?

◎ 거기까지 걸어갈 수 있나요? **Kann man zu Fuß dorthin gehen?**
칸 만 쭈 푸스 도르트힌 게엔?

◎ 시간이 어느 정도 걸리나요? **Wie lange dauert es?**
비 랑에 다우얼트 에스?

길을 잃었을 때

○ 길을 잃었어요. 도와 주세요.
Ich bin vom Weg abgekommen.
Bitte helfen Sie mir.
이히 빈 폼 벡 압콤멘. 비테 헬펜 지 미어.

○ 실례합니다. 제가 지금 있는 곳이 지도에서 어디인가요?
Entschuldigen Sie.
Wo bin ich auf der Karte?
엔슐디겐 지. 보 빈 이히 아우프 데어 카르테?

○ 길을 잘못 들었어요. 여기가 어디예요?
Ich bin vom Weg abgekommen.
Wo bin ich?
이히 빈 폼 벡 압콤멘. 보 빈 이히?

○ 저는 지하철을 찾고 있어요.
Ich suche eine U-Bahnstation.
이히 주헤 아이네 우반 스타치온.

상대방이 길을 물어볼 때

○ 미안합니다. 저도 모릅니다.
Es tut mir leid, ich weiß es auch nicht.
에스 투트 미어 라이트, 이히 바이스 에스 아우흐 니히트.

○ 관광객이라 저도 잘 모릅니다.
Ich bin Tourist.
Deshalb weiß ich auch nicht.
이히 빈 투어리스트, 데스할브 바이스 이히 아우호 니히트.

○ 다른 사람에게 물어 보시죠.
Bitte fragen Sie jemand anderen.
비테 프라겐 지 예만드 안더렌.

버스를 탈 때

○ 버스 정류장은 어디인가요?
Wo ist die Bushaltestelle?
보 이스트 디 부스할트슈텔레?

○ 어떤 버스가 시내로 가나요?
Welcher Bus fährt in die Innenstadt?
벨처 뷰스 페얼트 인디 이넨슈타트?

○ 버스 시간표를 주시겠어요?
Kann ich einen Busfahrplan haben?
칸 이히 아이넨 부스파플란 하벤?

○ 이 버스 시내로 가나요?
Fährt dieser Bus in die Innenstadt?
페얼트 디저 부스 인디 이넨슈타트?

지하철을 탈 때

◎ 이 근처에 지하철역이 있나요? **Gibt es die U-Bahnstation in der Nähe?**
깁 에스 디 우반스타치온 인 데어 네어?

◎ 몇 호선이 공항 가요? **Welche Linie fährt zum Flughafen?**
벨체 리니에 페얼트 쭘 플룩하펜

◎ 자동 매표기는 어디 있나요? **Wo gibt es der Fahrkartenautomat?**
보 깁 에스 데어 파카르텐오토마트?

◎ 가장 가까운 지하철역까지 **Wie weit ist die näheste U-Bahn-Station?**
거리가 얼마나 되나요? 비 바이트 이스트 디 네에스테 우반 스타치온?

지하철을 탔을 때

◎ 바꿔타야 해요? **Soll ich umsteigen?**
졸 이히 움슈타이겐?

◎ 어디에서 갈아타야 해요? **Wo muss ich umsteigen?**
보 무스 이히 움슈타이겐?

◎ 이거 시청에 가나요? **Fährt dies zum Rathaus?**
페얼트 디스 쭘 라트하우스?

◎ 다음이 채링 크로스 역인가요? **Ist die nächste Haltestelle Charing Cross Station?**
이스트 디 넥스테 할트슈텔레 채링 크로스 슈타치온?

택시를 탈 때

◎ 택시 승강장은 어디인가요? **Wo ist der Taxistand?**
보 이스트 데어 탁시슈탄드?

◎ 어디에서 택시를 탈 수 있어요? **Wo kann ich ein Taxi nehmen?**
보 칸 이히 아인 탁시 네멘?

◎ 트렁크를 열어 주시겠어요? **Würden Sie den Kofferraum öffnen?**
뷰어덴 지 덴 코퍼라움 웨프넨?

◎ 이 주소로 가 주세요 **Fahren Sie mich bitte zu dieser Adresse.**
파렌 지 미히 비테 쭈 디져 아드레쎄.

Unit 5 관광지에서 Bei der Besichtigung

관광지에서 쓰는 표현 Best 3

◎ 이 도시에서 가장 유명한 것은 무엇인가요?
Was ist das Bekannteste in dieser Stadt?
바스 이스트 다스 베칸테스테 인 디져 슈타트?

◎ 입장료는 얼마인가요?
Wie viel ist die Eintrittskarten?
비 필 이스트 디 아인트리츠카르텐?

◎ 여기에서 사진을 찍어도 되나요?
Darf ich hier ein Foto machen?
다르프 이히 히어 아인 포토 마헨?

기본표현

여행	**Tour** 투어		관광객	**Tourist** 투어뤼스트
관광	**Besichtigung** 베지히티궁		시내 관광	**Stadtbesichtigung** 슈타트베지히시궁
반나절	**halber Tag** 할버 탁		하루	**Ganztags** 간쯔탁
당일 여행	**Einen Tagesausflug** 아이넨 다게스아우스플룩		추천하다	**empfehlen** 엠프펠렌
관광 명소	**Sehenswürdigkeiten** 제엔뷰어디히카이텐		입장료	**Eintrittskarte** 아인트리츠카르테
전망대	**Observatorium** 옵저바토리움		마지막	**letzte** 렛츠테
기념품	**Andenken** 안덴켄		기념품점	**Geschenkladen** 게션크라덴
줄	**Reihe** 라이에		인상적인	**beeindruckend** 베아인드룩켄드

198

■ 관광지에서 많이 쓰는 핵심표현

관광 안내소에서

◉ 무료 지도가 있나요?
Haben Sie eine Karte für kostenlos?
하벤 지 아이네 카르테 퓨어 코스텐로스?

◉ 관광 정보가 필요합니다.
Ich brauche touristische Informationen.
이히 브라우헤 투어리스티셔 인포마치오넨.

◉ 런던 시내를 관광하고 싶은데요.
Ich möchte die Stadtbesichtigung von London.
이히 뫼흐테 디 슈타트베지히티궁 폼 런던.

관광 정보를 수집할 때

◉ 이 도시에서 가장 유명한 것은 무엇인가요?
Was ist das Bekannteste in dieser Stadt?
바스 이스트 다스 베칸테스테 인 디져 슈타트?

◉ 갈 만한 곳을 추천해 주시겠어요?
Können Sie mir Sehenswürdigkeiten empfehlen?
쾨넨 지 미어 제엔뷰어디히카이텐 엠프펠렌?

◉ 이 도시의 관광 명소에는 어떤 것이 있나요?
Welche Sehenswürdigkeiten gibt es in der Stadt?
벨체 제엔뷰어디히카이텐 깁 에스 인 데어 슈타트?

입장료를 물을 때

◉ 입장료는 얼마인가요?
Wie viel ist die Eintrittskarte?
비 필 이스트 디 아인트리츠카르테

◉ 한 사람당 얼마인가요?
Wieviel kostet es pro Person?
비필 코스테트 에스 프로 페르존?

◉ 어른 2장, 아이 1장 주세요.
Zwei Erwachsene und ein Kind bitte.
쯔바이 에어박세네 운트 아인 킨트 비테.

◎ 관광 버스 투어가 있나요?   **Gibt es eine Stadtrundfahrt?**
깁 에스 아이네 슈타트룬트팔트?

◎ 시간이 얼마나 걸리나요?   **Wie lange dauert es?**
비 랑에 다우얼트 에스?

◎ 투어는 매일 있나요?   **Haben Sie Touren jeden Tag?**
하벤 지 투어렌 예덴 탁?

◎ 오전 투어가 있나요?   **Gibt es eine Vormittagstour?**
깁 에스 아이네 포어미탁스투어?

◎ 야간 관광은 있나요?   **Haben Sie eine Nacht-Tour?**
하벤 지 아이네 나흐트 투어?

◎ 몇 시에 떠나요?   **Wann fährt der los?**
반 페얼트 데어 로스?

◎ 어디에서 출발하나요?   **Wo fährt der ab?**
보 페얼트 데어 압?

◎ 여기에 누가 살았었나요?   **Wer lebte hier?**
베어 렙테 히어?

◎ 언제 지어진 건가요?   **Wann wurde es gebaut?**
반 부어데 에스 게바우트?

◎ 저 건물은 무엇인가요?   **Was ist das Gebäude?**
바스 이스트 다스 게보이데?

◎ 높이는 어느 정도인가요?   **Wie hoch ist es?**
비 호흐 이스트 에스?

◎ 몇 년이나 된 건가요?   **Wie alt ist es?**
비 알트 이스트 에스?

투어 버스 안에서

○ 자유 시간은 있나요?

Haben wir freie Zeit?
하벤 비어 프라이에 짜이트?

○ 여기에서 얼마나 있나요?

Wie lange bleiben wir hier?
비 랑에 블라이벤 비어 히어?

○ 몇 시에 돌아오나요?

Wann kommen wir zurück?
반 콤멘 비어 추뤽?

○ 시간은 어느 정도 있나요?

Wie lange haben wir?
비 랑에 하벤 비어?

촬영을 부탁할 때

○ 사진을 찍어 주시겠어요?

Würden Sie ein Foto von uns machen?
뷰어덴 지 아인 포토 폰 운스 마헨?

○ 여기서 제 사진 좀 찍어 주세요.

Machen Sie ein Bild von mir hier, bitte.
마헨 지 아인 빌드 폰 미어 히어, 비테.

○ 이 버튼을 누르세요.

Drücken Sie den Knopf.
드뤽켄 지 덴 크놉.

○ 한 장 더 부탁합니다.

Noch einmal bitte.
노흐 아인말 비테.

촬영을 허락받을 때

○ 여기에서 사진을 찍어도 되나요?

Darf ich hier ein Foto machen?
다르프 이히 히어 아인 포토 마헨?

○ 플래시를 써도 되나요?

Kann ich den Blitz verwenden?
칸 이히 덴 블릿츠 페어벤덴?

○ 비디오를 찍어도 되나요?

Darf ich ein Video machen?
다르프 이히 아인 비디오 마헨?

○ 당신 사진을 찍어도 되나요?

Darf ich ein Bild von Ihnen machen?
다르프 이히 아인 빌드 폰 이넨 마헨?

식당에서 Im Restaurant

식당에서 쓰는 표현 Best 3

◎ 주문하시겠습니까?

Was möchten Sie bestellen?
바스 뫼흐텐 지 베슈텔렌

◎ 스테이크 2인분 주세요.

Zwei Portionen Steak, bitte.
쯔바이 포치오넨 슈테이크, 비테

◎ 소금 좀 갖다 주시겠어요?

Könnte ich etwas Salz haben?
쾬테 이히 에트바스 잘쯔 하벤?

기본단어

레스토랑	**Restaurant** 레스토랑트	주문	**Bestellen** 베슈텔렌
식사	**Essen** 에쎈	요리	**Gericht** 게리히트
접시	**Teller** 텔러	젓가락	**Essstäbchen** 에스슈텝헨
예약석	**reservierte Tisch** 레저비얼터 티쉬	봉사료	**Servicegebühr** 써비스게뷰어
소금	**Salz** 잘쯔	설탕	**Zucker** 쭈커
후추가루	**Pfeffer** 페퍼	식초	**Essig** 에씨히
매운	**scharf** 샬프	싱거운	**fade** 바데
짠	**salzig** 잘찌히	달콤한	**süß** 쥬스

식당에서 많이 쓰는 핵심표현

식당을 찾을 때

○ 식당을 찾고 있는데요.
Ich suche ein Restaurant.
이히 주헤 아인 레스토랑트.

○ 가장 가까운 식당은 어디인가요?
Wo ist das näheste Restaurant?
보 이스트 다스 네에스테 레스토랑트?

○ 이 시간에 문을 연 식당이 있나요?
Gibt es ein Restaurant, das jetzt auf ist?
깁 에스 아인 레스토랑트, 다스 옛츠트 아우프 이스트?

○ 가벼운 식사를 하고 싶은데요.
Ich hätte gern eine leichte Mahlzeit.
이히 헤테 게르네 아이네 라이히테 말짜이트.

○ 근처에 한국 식당이 있나요?
Gibt es hier ein koreanisches Restaurant in der Nähe?
깁에스 히어 아인 코리아니셔스 레스토랑트 인데어 네에?

식당을 예약할 때

○ 예약이 필요한가요?
Brauchen Sie eine Reservierung?
브라우헨 지 아이네 레저비어룽?

○ 오늘 밤 7시에 세 사람 자리를 예약하고 싶습니다.
Ich möchte eine Reservierung für drei um sieben heute Abend machen.
이히 뫼흐테 아이네 레저비어룽 퓨어 드라이 움 지벤 호이테 아벤트 마헨.

○ 복장 규제가 있나요?
Gibt es eine Kleiderordnung?
깁 에스 아이네 클라이더오르드눙?

○ 일행이 몇 분인가요?
Wie viele Leute sind Sie?
비 필레 로이테 진트 지?

○ 금연석으로 부탁합니다.
Wir möchten einen Nichtraucherbereich.
비어 뫼흐텐 아이넨 니히트 라우허베라이히.

○ 예약을 취소하고 싶습니다.
Ich möchte meine Reservierung stornieren.
이히 뫼흐테 마이네 레저비어룽 슈토니어렌.

주문할 때

○ 주문하시겠어요?

Was möchten Sie bestellen?
바스 뫼흐텐 지 베슈텔렌

○ 이제 주문하겠어요.

Ich bestelle jetzt.
이히 베슈텔레 옛츠트.

○ 스테이크 2인분 주세요.

Zwei Portionen Steak, bitte.
쯔바이 포치오넨 슈테이크, 비테.

○ 스테이크는 어떻게 해 드릴까요?

Wie möchten Sie Ihr Steak?
비 뫼흐텐 지 이어 스테이크?

○ 잘 익혀 주세요.

Durchgebraten, bitte.
두루히게브라텐, 비테.

○ 어떤 음식을 추천해 주실 건가요?

Was empfehlen Sie?
바스 엠프펠렌 지?

○ 점심 특선은 무엇인가요?

Was ist Ihr Mittagessen speziell?
바스 이스트 이어 미탁에센 스페찌엘?

○ 음료는 무엇으로 하시겠습니까?

Möchten Sie etwas zu trinken?
뫼흐텐 지 에트바스 쭈 트링켄?

○ 아니, 됐어요. 그냥 물만 주세요.

Nein danke. Nur Wasser, bitte.
나인 당케. 누어 바싸, 비테.

○ 디저트는 뭐가 있어요?

Was haben Sie zum Nachtisch?
바스 하벤 지 쭘 나흐티쉬?

계산할 때

○ 계산서 주세요.

Bringen Sie mir bitte die Rechnung.
브링엔 지 미어 비테 디 레히눙.

○ 제가 살게요.

Ich lade dich ein.
이히 라데 디히 아인.

○ 신용카드로 해도 되나요?

Akzeptieren Sie Kreditkarten?
악쩹티어렌 지 크레딧카르테?

○ 물론입니다. 여기에 서명해 주세요.

Na sicher. Unterschreiben Sie hier.
나 지셔. 운터슈라이벤 지 히어.

패스트푸드점에서 주문할 때

◎ 햄버거와 콜라 주세요.
Einen Hamburger und Cola bitte.
아이넨 함부어거 운트 콜라 비테.

◎ 여기서 드시나요?
아니면 포장해 드릴까요?
Für hier oder zum Mitnehmen?
퓨어 히어 오더 쭘 밋네멘.

◎ 포장해 주세요.
Zum Mitnehmen, bitte.
쭘 밋네멘 비테.

◎ 어떤 사이즈로 하시겠습니까?
Welche Größe möchten Sie?
벨체 그로세 뫼흐텐 지?

◎ 중간 사이즈로 주세요.
Medium bitte.
미디움 비테.

◎ 리필해 주세요.
Kann ich bitte eine Nachfüllung bekommen?
칸 이히 비테 아이네 나흐퓔룽 베콤멘?

주문 요리에 문제가 있을 때

◎ 주문한 게 아직 안 나왔는데요.
Meine Bestellung ist noch nicht gekommen.
마이네 베슈텔룽 이스트 노흐 니히트 게콤멘.

◎ 얼마나 기다려야 하나요?
Wie lange soll ich noch warten?
비 랑에 졸 이히 노흐 바르텐?

◎ 커피 두 잔 주문했는데요.
Ich bestellte zwei Tassen Kaffee.
이히 베슈텔테 쯔바이 타쎈 카페.

◎ 주문을 확인해 주시겠어요?
Würden Sie meine Bestellung überprüfen?
뷰어덴 지 마이네 베슈텔룽 위버푸뤼펜?

◎ 다른 요리가 나왔어요.
Das ist das falsche Gericht.
다스 이스트 다스 팔쉐 게리히트.

◎ 이것은 제가 주문한 게 아니예요.
Dies ist nicht das, was ich bestellt habe.
디스 이스트 니히트 다스, 바스 이히 베슈텔트 하베.

◎ 차가 식었어요.
Mein Tee ist nicht heiß genug.
마인 테 이스트 니히트 하이스 게눅.

◎ 이 요리를 데워 주세요.
Bitte erwärmen Sie dieses Gericht.
비테 에어베멘 지 디져스 게리히트.

식당에서 Im Restaurant

205

상점에서 In den Geschäften

상점에서 쓰는 표현 Best 3

◎ 어서 오세요.

Kann ich Ihnen helfen?
칸 이히 이넨 헬펜?

◎ 그냥 좀 둘러보고 있어요.

Ich schaue mich nur um.
이히 샤우에 미히 누어 움.

◎ 다른 것을 보여 주세요.

Zeigen Sie mir bitte einen anderen.
짜이겐 지 미어 비테 아이넨 안더렌.

기본단어

한국어	독일어	한국어	독일어
선물 가게	**Geschenkeladen** 게셴케라덴	보석 가게	**Schmuckgeschäft** 슈묵게셰프트
할인 가게	**Rabattgeschäft** 라바트게셰프트	편의점	**Gemischtwarenladen** 게미쉬트바렌라덴
종이 봉지	**Papiertüte** 파피에튜테	비닐 봉지	**Plastiktüte** 플라스틱튜테
계산원	**Kassierer** 카시어러	점원	**Verkäufer** 페어코이퍼
면	**Baumwolle** 바움볼레	가죽	**Leder** 레더
헐렁한	**weit** 바이트	목걸이	**Halskette** 할스케테
귀걸이	**Ohrringe** 오어링에	반지	**Ring** 링
팔찌	**Armband** 암반트	브로치	**Brosche** 브로쉐

상점에서 많이 쓰는 핵심표현

쇼핑센터를 찾을 때

◎ 쇼핑센터는 어느 방향인가요?
Welche Richtung ist das Einkaufszentrum?
벨체 리히퉁 이스트 다스 아인카우프첸트룸?

◎ 쇼핑몰은 어디인가요?
Wo ist das Einkaufszentrum?
보 이스트 다스 아인카우프첸트룸?

◎ 쇼핑가는 어디에 있나요?
Wo ist das Einkaufsviertel?
보 이스트 아인카우프스피어텔?

가게를 찾을 때

◎ 편의점을 찾고 있는데요.
Ich suche einen Gemischtwarenladen.
이히 주헤 아이넨 게미쉬트바렌라덴.

◎ 이 주변에 할인 가게가 있나요?
Gibt es hier ein Rabattgeschäft?
깁 에스 히어 아인 라바트게셰프트?

◎ 운동화는 어디서 사나요?
Wo kann ich Turnschuhe kaufen?
보 칸 이히 톤슈에 카우펜?

가게에 들어섰을 때

◎ 어서 오세요.
Kann ich Ihnen helfen?
칸 이히 이넨 헬펜?

◎ 좀 둘러봐도 되나요?
Kann ich mich umschauen?
칸 이히 미히 움샤우엔?

◎ 그냥 좀 둘러보고 있어요.
Ich schaue mich nur um.
이히 샤우에 미히 누어 움.

○ 스카프가 있나요?　　　　　　　**Haben Sie einen Schal?**
하벤 지 아이넨 샬?

○ 선글라스를 찾고 있어요.　　　　**Ich suche eine Sonnenbrille.**
이히 주헤 아이네 조넨브릴레.

○ 가장 인기 있는 건 무엇인가요?　**Was ist die Beliebteste?**
바스 이스트 디 베립테스테?

○ 기념품으로 좋은 게 있나요?　　**Gibt es etwas Gutes für ein Andenken?**
깁에스 에트바스 구테스 퓨어 아인 안덴켄?

○ 그걸 봐도 될까요?　　　　　　　**Darf ich es sehen?**
다르프 이히 에스 제엔?

○ 저것 좀 보여 주세요.　　　　　　**Können Sie mir das zeigen?**
쾨넨 지 미어 다스 짜이겐?

○ 이거 입어봐도 되나요?　　　　　**Kann ich das anprobieren?**
칸 이히 다스 안프로비어렌?

○ 좀 더 작은 것이 있나요?　　　　**Haben Sie einen kleineren?**
하벤 지 아이넨 클라이너렌?

○ 다른 것은 없어요?　　　　　　　**Kann ich andere Artikel sehen?**
칸 이히 안더레 아티켈 제엔?

○ 다른 것을 보여 주세요.　　　　　**Zeigen Sie mir bitte einen anderen.**
짜이겐 지 미어 비테 아이넨 안더렌

○ 좀 더 큰 것을 보여주시겠어요?　**Können Sie mir noch größeres zeigen?**
쾨넨 지 미어 노흐 그뢰서레스 짜이겐?

○ 이 제품으로 다른 치수는 없어요?　**Haben Sie diesen Artikel in anderen Größen?**
하벤 지 디전 아티켈 인 안더렌 그뢰센?

물건을 사지 않고 나올 때

◎ 좀 더 둘러보고 올게요.
Ich werde mich umsehen und komme wieder.
이히 베르데 미히 움제엔 운트 코메 비더.

◎ 다음에 다시 올게요.
Ich werde wieder kommen.
이히 베르데 비더 콤멘.

◎ 제가 찾던 것이 아니에요.
Das war nicht das, was ich gesucht hatte.
다스 바 니히트 다스, 바스 이히 게주흐트 하테.

◎ 미안합니다만 마음에 들지 않아요.
Es tut mir leid, das gefällt mir nicht.
에스 투트 미어 라이트, 다스 게펠트 미어 니히트.

품질에 대해 물을 때

◎ 이것은 수제품인가요?
Ist das handgemacht?
이스트 다스 한드게마흐트?

◎ 품질은 좋은가요?
Ist das gute Qualität?
이스트 다스 구테 쿠알리태트?

◎ 품질이 나쁘네요.
Es ist schlechte Qualität.
에스이스트 쉴레흐테 쿠알리태트.

◎ 재질은 무엇인가요?
Welches Material ist es?
벨체스 마테리알 이스트 에스?

가격을 물을 때

◎ 얼마예요?
Wie teuer?
비 토이어?

◎ 그거 얼마예요?
Wie teuer ist das?
비 토이어 이스트 다스?

◎ 몇 퍼센트 할인해요?
Wieviel Prozent Rabatt sind das?
비필 포첸트 라바트 진트 다스?

◎ 세일은 언제부터 하나요?
Wann beginnt die Angebot?
반 베긴트 디 안게보트?

Unit 8 공공기관에서 In öffentlichen Ämtern

공공기관에서 쓰는 표현 Best 3

◎ 배가 아파요.
Ich habe Bauchschmerzen.
이히 하베 바우흐슈멜쩬.

◎ 여기에서 환전할 수 있나요?
Kann ich hier Geld wechseln?
칸 이히 히어 겔트 벡셀른?

◎ 보통 우편으로 보내 주세요.
Ich möchte das per reguläre Post schicken.
이히 뫼흐테 다스 퍼 레규레어 포스트 시켄.

기본단어

소포	**Paket** 파켓	우표	**Briefmarke** 브리프마르케
우체통	**Briefkasten** 브리프카스텐	우편 요금	**Porto** 포르토
보통 우편	**reguläre Post** 레규레어 포스트	지폐	**Geldschein** 겔트샤인
동전	**Münze** 뮌쩨	신용카드	**Kreditkarte** 크레딧카르테
신분증	**Personalausweis** 페르조날아루스바이스	환율	**Wechselkurs** 벡셀쿠어스
환전 수수료	**Geldwechsel Gebühren** 겔트벡셀 게뷔어	현금 자동 지급기	**Geldautomat** 겔트오토마트
입금하다	**Einzahlen** 아인짤룽	출금하다	**Auszahlen** 아우스짤렌
서명	**Unterschrift** 운터쉬리프트	잔고	**Saldo** 살도

공공기관에서 많이 쓰는 핵심표현

우체국을 찾을 때

◎ 우체국은 어디에 있나요?
Wo ist die Post?
보 이스트 디 포스트?

◎ 우표는 어디서 사나요?
Wo kann man eine Briefmarke kaufen?
보 칸 만 아이네 브리프마르케 카우펜?

◎ 우체통은 어디에 있나요?
Wo ist ein Briefkasten?
보 이스트 아인 브리프카스텐?

편지를 보낼 때

◎ 우표를 사고 싶은데요.
Ich möchte einige Briefmarken kaufen.
이히 뫼흐테 아이니게 브리프마르켄 카우펜.

◎ 이거 우편요금이 얼마예요?
Wie viel kostet das Porto?
비 필 코스테트 다스 포르토?

◎ 보통 우편으로 보내 주세요.
Ich möchte das per reguläre Post schicken.
이히 뫼흐테 다스 퍼 레귤레어 포스트 시켄.

소포를 보낼 때

◎ 이 소포를 한국에 보내고 싶어요.
Ich möchte dieses Paket nach Korea schicken.
이히 뫼흐테 디져스 파켓 나흐 코리아 시켄.

◎ 이것을 보내는 데 얼마예요?
Wie viel ist es, dies zu senden?
비 필 이스트 에스, 디스 쭈 센덴?

◎ 소포용 박스가 있어요?
Haben Sie Schachteln für Pakete?
하벤 지 샤흐텔른 퓨어 파켓테?

은행에서

● 통장을 만들고 싶어요.　**Ich würde gerne ein Konto eröffnen.**
이히 뷰어데 게르네 아인 콘토 에어외프넨.

● 현금 카드를 만들어 주세요.　**Ich möchte eine Geldkarte.**
이히 외흐테 아이네 겔트카르테.

● 입금하려고요.　**Ich möchte einzahlen.**
이히 외흐테 아인짤렌.

● 계좌 이체를 하고 싶습니다.　**Ich möchte überweisen.**
이히 외흐테 위버바이젠.

● 백 달러를 찾고 싶어요.　**Ich möchte hundert Dollar auszahlen.**
이히 외흐테 훈덜트 달러 아우스짤렌.

환전할 때

● 여기에서 환전할 수 있나요?　**Kann ich hier Geld wechseln?**
칸 이히 히어 겔트 벡셀른?

● 어디에서 환전하나요?　**Wo kann ich mein Geld wechseln?**
보 칸 이히 마인 겔트 벡셀른?

● 원화를 미국 달러로 바꾸고 싶어요.　**Ich möchte koreanische Won in US-Dollar wechseln.**
이히 외흐테 코리아니셰 원 인 유에스 달러 벡셀른.

● 오늘 환율은 어떻게 되죠?　**Was ist der Wechselkurs heute?**
바스 이스트 데어 벡셀쿠어스 호이테?

카드에 문제가 있을 때

● 카드를 분실했어요.　**Ich habe meine Karte verloren.**
이히 하베 마이네 카르테 페어로어렌.

● 카드를 정지해 주시겠어요?　**Könnten Sie meine Karte sperren lassen?**
퀘넨 지 마이네 카르테 슈페어렌 라쎈?

● 현금 자동 인출기에서 카드가 안 빠져요.　**Meine Karte kommt nicht aus dem Geldautomaten.**
마이네 카르테 콤트 니히트 아우스 뎀 겔트오토마텐.

도서관에서

◎ 무엇을 도와 드릴까요?

Kann ich Ihnen helfen?
칸 이히 이넨 헬펜?

◎ 모비 딕을 찾고 있어요.

Ich suche nach Moby Dick.
이히 주헤 나흐 모비 딕.

◎ 이 책이 있는지 확인해 주세요.

**Können Sie mal überprüfen,
ob das Buch da ist?**
쾬넨 지 말 위버푸뤼펜, 옵 다스 부흐 다 이스트?

◎ 책을 빌리려면 회원 카드가 필요해요?

**Brauche ich einen Bibliotheksausweis,
um Bücher nach Hause auszuleihen?**
브라우헤 이히 아이넨 비블리오텍아우스바이스,
움 뷰혀 나흐 하우제 아우스쭈라이엔?

◎ 도서관 회원 카드가 없어요.

Ich habe keinen Bibliotheksausweis.
이히 하베 카이넨 비블리오텍스아우스바이스.

병원에서

◎ 진찰을 받고 싶어요.

Ich möchte zum Arzt gehen.
이히 뫼흐테 쭘 아르쯔트 게엔.

◎ 배가 아파요.

Ich habe Bauchschmerzen.
이히 하베 바우흐슈메르쩬.

◎ 어디가 아프세요?

Was fehlt Ihnen?
바스 펠트 이넨?

◎ 언제쯤 결과를 알 수 있어요?

Wann bekomme ich das Resultat?
반 베콤메 이히 다스 레줄타트?

◎ 입원해야 해요?

Soll ich ins Krankenhaus aufgenommen werden?
졸 이히 인스 크랑켄하우스 아우프게노멘 베르덴?

미용실에서

◎ 파마를 하고 싶어요.

Ich möchte gerne Locken haben.
이히 뫼흐테 게르네 로켄 하벤.

◎ 다듬기만 해 주세요.

Bitte nur ein bisschen Haare schneiden.
비테 누어 아인 비쎈 하레 슈나이덴.

◎ 헤어스타일을 바꾸고 싶어요.

Ich möchte meine Frisur ändern.
이히 뫼흐테 마이네 프리주아 엔더른.

213

Unit 9 문제가 생겼을 때 In Schwierigkeiten

문제가 생겼을 때 쓰는 표현 Best 3

○ 좀 더 천천히 말씀해 주세요.
Können Sie bitte langsam sprechen.
쾨넨 지 비테 랑잠 스프레헨.

○ 긴급 상황입니다.
Es ist ein Notfall.
에스 이스트 아인 놋팔.

○ 구급차를 불러 주세요.
Bitte rufen Sie einen Krankenwagen.
비테 루펜 지 아이넨 크랑켄바겐

기본단어

응급 상황	**Notfall** 놋팔	화장실	**Toilette** 토일레테
병원	**Krankenhaus** 크랑켄하우스	약국	**Apotheke** 아포테케
경찰서	**Polizeiamt** 폴리짜이암트	통역사	**Dolmetscher** 돌메쳐
소매치기	**Taschendieb** 타셴딥	도둑	**Dieb** 딥
두통	**Kopfschmerzen** 콥슈멜쩬	치통	**Zahnschmerzen** 찬슈멜쩬
복통	**Magenschmerzen** 마겐슈멜쩬	고통	**Schmerzen** 슈멜쩬
데다	**brennen** 브레넨	삐다	**Verstauchung** 페어스타우훙
부러지다	**brechen** 브레헨	처방전	**Rezept** 레쳅트

214

문제가 생겼을 때 많이 쓰는 핵심표현

의사소통이 되지 않을 때

◎ 영어를 할 줄 몰라요.
Ich kann kein Englisch sprechen.
이히 칸 카인 엥글리쉬 스프레헨.

◎ 영어를 잘 못해요.
Mein Englisch ist nicht gut.
마인 엥글리쉬 이스트 니히트 굿.

◎ 영어로 설명할 수 없어요.
Ich kann es nicht auf Englisch erklären.
이히 칸 에스 니히트 아우프 엥글리쉬 에어클레어렌.

◎ 좀 더 천천히 말씀해 주세요.
Können Sie bitte langsam sprechen.
쾨넨 지 비테 랑잠 스프레헨.

통역을 부탁할 때

◎ 한국어 하는 사람 있나요?
Kennt jemand Koreanisch?
켄 예만 코리아니쉬?

◎ 한국인 통역사를 불러 주세요.
Ich brauche einen koreanischen Dolmetscher.
이히 브라우헤 아이넨 코리아니쉔 돌메쳐.

◎ 한국인 통역사를 불러주시겠어요?
Können Sie mir einen koreanischen Dolmetscher holen?
쾨넨 지 미어 아이넨 코리아니쉔 돌메쳐 홀렌?

곤경에 처했을 때

◎ 어떻게 하면 좋죠?
Was soll ich machen?
바스 졸 이히 마헨?

◎ 심각한 문제가 생겼어요.
Wir haben ein großes Problem.
비어 하벤 아인 그로세스 프로블렘.

◎ 지금 곤경에 처했어요.
Ich bin jetzt in großen Schwierigkeiten.
이히 빈 옛츠트 인 그로센 슈비어리히카이텐.

분실했을 때

◎ 유실물 센터는 어디인가요? **Ich habe meinen Reisepass verloren.**
이히 하베 마이넨 라이제파스 페어로어렌.

◎ 아무리 찾아도 없어요. **Ich kann es nirgends finden.**
이히 칸 에스 니어겐드 핀덴.

◎ 어디서 잃어버렸는지 모르겠어요. **Ich bin nicht sicher, wo ich es verloren habe.**
이히 빈 니히트 지혀, 보 이히 에스 페어로어렌 하베.

◎ 무엇을 잃어 버렸나요? **Was haben Sie verloren?**
바스 하벤 지 페어로어렌?

상황이 위급할 때

◎ 도와 주세요! **Hilfe!**
힐페!

◎ 누구 없어요? **Ist jemand hier?**
이스트 예만드 히어?

◎ 경찰을 불러 주세요. **Rufen Sie die Polizei bitte an.**
루펜 지 디 폴리차이 비테 안.

◎ 알았으니 해치지 마세요. **Okay. Tut mir nicht weh.**
오케이. 투트 미어 니히트 베.

경찰서에서

◎ 도난 신고를 하고 싶어요. **Ich möchte einen Diebstahl melden.**
이히 뫼흐테 아이넨 딥슈탈 멜덴.

◎ 제 여권을 도난당했어요. **Mein Reisepass wurde gestohlen.**
마인 라이제파스 뷰어데 게슈톨렌.

◎ 지금 한국 대사관으로 연락해 주세요. **Bitte kontaktieren Sie jetzt die koreanische Botschaft.**
비테 콘탁티어렌 지 옛츠트 디 코리아니셔 보츠샤프트.

◎ 찾으면 한국으로 보내 주세요. **Bitte schicken Sie es nach Korea, wenn Sie es finden.**
비테 시켄 지 에스 나흐 코리아, 벤 지 에스 핀덴.

216

사고를 당했을 때

◎ 의사를 불러 주세요.
Bitte rufen Sie einen Arzt.
비테 루펜 지 아이넨 아르츠트.

◎ 진료를 받고 싶은데요.
Ich möchte einen Arzt sprechen.
이히 뫼흐테 아이넨 아르츠트 슈프레헨.

◎ 제 친구가 교통 사고를 당했어요.
Mein Freund hatte einen Autounfall.
마인 프로인드 하테 아이넨 아우토팔.

◎ 친구가 차에 치었어요.
Mein Freund wurde von einem Auto getroffen.
마인 프로인드 부어데 폰 아이넴 아우토 게트로펜.

◎ 그를 병원으로 데려가 주시겠어요?
Könnten Sie ihn ins Krankenhaus bringen?
쾬텐 지 인 인스 크랑켄하우스 브링엔?

몸이 좋지 않을 때

◎ 몸이 아파요.
Ich bin krank.
이히 빈 크랑크.

◎ 멀미가 나요.
Mir ist schlecht.
미어 이스트 슐레흐트

◎ 몸이 좋지 않아요.
Ich fühle mich nicht gut.
이히 퓔레 미히 니히트 굿.

◎ 몸 상태가 이상해요.
Etwas stimmt mit mir nicht.
에트바스 슈팀트 밋 미어 니히트.

약국에서

◎ 처방전이 있어요?
Haben Sie ein Rezept?
하벤 지 아인 레쩹트?

◎ 이 처방전 약을 주세요.
Bitte geben Sie mir das Medikament.
비테 게벤 지 미어 다스 메디카멘테.

◎ 이 약의 복용법을 알려 주세요.
Wie nehme ich dieses Medikament ein?
비 네메 이히 디져스 메디카멘트 아인?

◎ 부작용이 있나요?
Gibt es Nebenwirkungen?
깁 에스 네벤비어쿵엔?

Unit 10 귀국할 때 Auf Heimkehr

귀국할 때 쓰는 표현 Best 3

◎ 인천행을 예약하고 싶어요.
Ich möchte einen Flug nach Incheon buchen.
이히 뫼흐테 아이넨 플룩 나흐 인천 부헨.

◎ 예약을 확인하고 싶어요.
Ich möchte meine Reservierung bestätigen.
이히 뫼흐테 마이네 레저비어룽 베슈테티겐.

◎ 예약을 변경하고 싶어요.
Ich möchte meine Reservierung ändern.
이히 뫼흐테 아이네 레저비어룽 엔더른.

기본단어

예약하다	**reservieren** 레저비어렌		탑승객	**der Passagier** 데어 파사쥐어
확인하다	**bestätigen** 베슈테티겐		재확인하다	**wieder bestätigen** 비더 베슈테티겐
취소하다	**stornieren** 슈토니어렌		대한항공 카운터	**Korean air Schalter** 코리안 에어 샬터
면세점	**Duty Free Shop** 두티 프리 숍		면세	**Zollfrei** 쫄프라이
탑승권	**Bordkarte** 보드카르테		수하물	**Gepäck** 게팩
기내 휴대용 가방	**Handgepäck** 한드게팩		수하물을 부치다	**checken** 체켄
입국 신고서	**Einreisekarte** 아인라이제카르테		신고하다	**verzollen** 페어쫄렌
세관 신고서	**Zollmeldung** 쫄멜둥		무게 제한	**Gewichtsbeschränkung** 게비히츠베슈렌쿵

귀국할 때 많이 쓰는 핵심표현

귀국 편을 예약할 때

◎ 인천행을 예약하고 싶어요. **Ich möchte einen Flug nach Incheon buchen.**
이히 뫼흐테 아이넨 플룩 나흐 인천 부헨.

◎ 7월 16일 인천행 항공편이 있나요? **Haben Sie einen Flug nach Incheon am 16. Juli?**
하벤 지 아이넨 플룩 나흐 인천 암 젝히첸 율리?

◎ 대기자 명단에 올려 주세요. **Bitte setzen Sie mich auf die Warteliste.**
비테 젠첸 지 미히 아우프 디 바르테리스테.

예약을 확인할 때

◎ 예약을 확인하고 싶어요. **Ich möchte meine Reservierung bestätigen.**
이히 뫼흐테 마이네 레저비어룽 베슈테티겐.

◎ 한국에서 예약했어요. **Ich habe meinen Flug in Korea reserviert.**
이히 하베 마이넨 플룩 인 코리아 레저비얼트.

◎ 예약이 확인됐습니다. **Ihre Reservierung ist bestätigt.**
이어레 레저비어룽 이스트 베슈테티그트.

예약을 변경할 때

◎ 예약을 변경하고 싶어요. **Ich möchte meine Reservierung ändern.**
이히 뫼흐테 마이네 레저비어룽 엔더른.

◎ 금연석으로 바꿀 수 있나요? **Kann ich es in einen Nichtraucher-Sitz ändern?**
칸 이히 에스 인 아이넨 니히트라우허 짓쯔 엔더른?

◎ 7월 1일로 바꿔 주세요. **Bitte ändern Sie es zum ersten Juli.**
비테 엔더른 지 에스 쭘 에어스텐 율리.

예약을 취소할 때

● 예약을 취소해 주세요. **Bitte stornieren Sie meine Reservierung.**
비테 슈토니어렌 지 마이네 레저비어룽.

● 예약을 취소하고 싶어요. **Ich möchte meine Reservierung stornieren.**
이히 뫼흐테 마이네 레저비어룽 슈토니어렌.

● 예약을 취소할 수 있나요? **Kann ich meine Buchung stornieren?**
칸 이히 마이네 부훙 슈토니어렌?

● 죄송하지만 예약을 취소해야겠습니다. **Es tut mir leid, aber ich muss meinen Flug stornieren.**
에스 투트 미어 라이트, 아버 무스 이히 마이넨 플룩 슈토니어렌.

공항으로 갈 때

● 히스로 공항으로 가 주세요. **Heathrow Flughafen, bitte.**
히스로우 플룩하펜, 비테.

● 빨리 가 주세요. 늦었어요. **Bitte beeilen. Ich bin spät.**
비테 베아일렌. 이히 빈 쭈 슈팻트.

● 공항까지 얼마나 걸릴까요? **Wie lange dauert es bis zum Flughafen?**
비 랑에 다우얼트 에스 비스 쭘 플룩하펜?

● 공항까지 택시 요금이 얼마인가요? **Was kostet das Taxi zum Flughafen?**
바스 코스테트 다스 탁시 쭘 플룩하펜?

탑승 수속을 할 때

● 탑승 수속은 어디서 하나요? **Wo kann ich einchecken?**
보 칸 이히 아인체켄?

● 짐을 여기에 놓아도 되나요? **Kann ich mein Gepäck hier abstellen?**
칸 이히 마인 게팩 히어 압슈텔렌?

● 창가쪽으로 주세요. **Sitz am Fenster, bitte.**
짓쯔 암 펜스터 비테.

● 친구와 같은 좌석으로 주세요. **Ich würde gerne neben meinem Freund sitzen.**
이히 뷰어데 게르네 네벤 마이넴 프로인드 짓쩬.

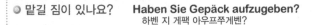

수하물을 접수할 때

◎ 맡길 짐이 있나요? **Haben Sie Gepäck aufzugeben?**
하벤 지 게팩 아우프쭈게벤?

◎ 가방을 맡길게요. **Ich würde Gepäck aufgeben.**
이히 뷰어데 게팩 아우프게벤.

◎ 이것은 기내에 가지고 들어가도 되나요? **Kann ich das in die Kabine mitnehmen?**
칸 이히 다스 인 디 카비네 밋네멘?

◎ 무게 제한이 얼마인가요? **Was ist die Gewichtsgrenze?**
바스 이스트 디 게비히츠그렌체?

공항 면세점에서

◎ 면세점은 어디 있나요? **Wo sind die Duty-Free-Shops?**
보 진트 디 두티 프리 숍스?

◎ 한국 돈 받으시나요? **Akzeptieren Sie koreanische Won?**
악쳅티어렌 지 코리아니셔 원?

◎ 미국 달러만 받습니다. **Wir akzeptieren nur US-Dollar.**
비어 악쳅티어렌 누어 우에스 달러.

◎ 한국에 가지고 들어갈 수 있나요? **Kann ich das nach Korea mitnehmen?**
칸 이히 다스 나흐 코리아 밋네멘?

귀국 편 기내에서

◎ 식사는 언제 나와요? **Wann werden Mahlzeiten serviert?**
반 베르덴 말차이텐 서비얼트?

◎ 기내 면세품을 사고 싶어요. **Ich möchte im Flugzeug zollfreie Waren kaufen.**
이히 뫼흐테 임 플룩쪼익 쫄프라이에 바렌 카우펜.

◎ 입국 카드 작성법을 알려 주세요. **Bitte sagen Sie mir, wie man die Einreisekarte ausfüllen kann.**
비테 자겐 지 미어, 비 만 디 아인라이제카르테 아우스퓰렌 칸.

◎ 인천에 제 시간에 도착하나요? **Wird es rechtzeitig in Incheon ankommen?**
비어드 에스 레히트짜이티히 인 인천 안콤멘?

ENGLISH

ITALIAN

FRENCH

SPANISH

GERMAN

현지에서 바로 쓰는
유럽 **5**개국 여행회화

ENGLISH

ITALIAN

FRENCH

SPANISH

GERMAN